ヴェネツィア

美の都の一千年

宮下規久朗
Kikuro Miyashita

岩波新書
1608

はじめに　ヴェネツィア美術への招待

イタリアのうち、どこか一か所行くならどこがよいかと問われたら、私は迷わずヴェネツィアと答える。世界広しといえども、ヴェネツィアほどユニークな町はない。海の都ヴェネツィアは、風光明媚な古都として世界中の観光客が訪れる一大観光地だ。自動車を遮断して狭い路地と運河からなるこのユニークな町を歩き回るだけでも楽しいし、どこを切り取っても絵になり、思わず写真に撮りたくなる。巨大なテーマパークにもたとえられるが、テーマパークのような人工的な雰囲気とは対極にあり、古都の風格や歴史の重厚さに満ちている。

ヴェネツィアは、陸地から四キロほど離れたアドリア海のラグーナ(潟)に浮かぶ一一八の小さな島からなっている(0-1)。島々の間を道のように運河が縦横に走り、四〇〇もの橋がこれをつないでいる。ただ、この寄木細工のような町の隅々にまで一五〇〇年近い歴史が息づき、どんな細部にもいわれがあるようだ。今でも、乳母車と車いす以外の車が禁止され、自動車のないひっそりとした道を歩くと、その歴史の重みがあちこちから伝わってくる。二〇〇〇年近く前に、無数の杭をラグーナに打ち込んで作った人工的な都市が今にいたるまで存続し、しかも一一〇〇年にわたって独立し、「アドリア海の女王」として繁栄を謳歌してきた都市国家であったというだけでも驚異であり、蜃気楼のように海に浮かぶ都市や運河に映える建築群といった幻想的な景観は誰もをひきつけてやまない(0-2)。

0-1　空から見たヴェネツィアとラグーナ

このようなヴェネツィアのユニークさや景観の美しさは、私がここに述べるまでもないことであり、日本でも広く知られている。しかし、この都市が類まれな美術の宝庫であり、世界最高の美術の島であることは意外に知られていないようだ。イタリアは中世から近代にいたるまで西洋美術の中心として、国際ゴシック、ルネサンス、マニエリスム、バロックといった重要なムーヴメントを生み出してきたのだが、ヴェネツィアは、そのいずれの潮流にも独自の貢献をし、ローマ、フィレンツェと並ぶ美術の一大中心地であった。各時代に次々に天才が生ま

0-2　海から見たサン・マルコ広場とドゥカーレ宮殿

れ、巨匠が集まり、狭い島から膨大な名作を生み出してきたのである。それらの多くは売却され、収奪されて、パリのルーヴル美術館をはじめ、世界中の美術館を飾っているが、ヴェネツィアには今なおその最良の精華がそっくり残っているのである。

本書では、ヴェネツィアで見られる作品を中心に、ヴェネツィアの美術と歴史の歩みを振り返ってみよう。美術の歴史は町の歴史と重なり、両者は不可分なのだ。ヴェネツィアにある作品や建物を中心として、実際にヴェネツィアを旅行するときのガイドとなるようにたどりたい。

もともとビザンツ帝国とのつながりによって繁栄したヴェネツィアは、その影響によってサン・マルコ大聖堂に見られるような見事なモザイク芸術を生み出した。一三世紀初め、十字軍に便乗して宗主国であったビザンツ帝国の首都コンスタンティノープルを占領するや、そこから膨大な富と美術品がもたらされ、ヴェネツィア経済と文化は繁栄をきわめる。一四世紀には画家パオロ・ヴェネツィアーノが、ビザンツの影響を受けた華麗な色彩と説話表現を特徴とする、ヴェネツィア派絵画の基礎を築いた。

一五世紀のベッリーニ一族は大きな工房をかまえ、そこから数多くの優れた画家が輩出。とくにジョヴァンニ・ベッリーニは、穏やかで抒情的な画風によって長くヴェネツィア画壇で活躍し、その弟子であったジョルジョーネは師の抒情性を発展させ、詩的で優美な作品を描く。さらに弟弟子であったティツィアーノは、師の画風を発展させ、ローマの盛期ルネサンス様式や古典主義を導入し、抒情性と力強さとを兼ね備えた画風を確立。教皇や神聖ローマ皇帝の庇護を受けるなど国際的な名声をほしいままにし、ヴェネツィア絵画を最高のブランドに押し上げた。

一六世紀はティツィアーノの圧倒的な影響のもとに優れた画家が続出したが、ことに世紀後半には、ティントレットとヴェロネーゼが屹立する。前者はティツィアーノの劇的な表現力や力強い人体表現、後者は華麗な色彩と祝祭性を継承し、ヴェネツィア派を盛り上げた。

一七世紀はローマでバロック芸術が開花したが、ヴェネツィア美術は停滞し、一八世紀になると再び活気を取り戻して、「第二次ヴェネツィア派」とよばれる画家たちが登場。なかでもティエポロはその筆の早さと巧みさによってドイツやスペインにもよばれて腕を振るい、イタリア美術の黄金時代の最後を飾った。

ヴェネツィアで美術が発展したのは、いくつもの理由がある。東西の優れた文化が流入する地理的条件や豊かな経済力に加え、ヴェネツィアが長く独立を保つ過程で培われた強い愛国心があった。イタリア美術史研究の大家バーナード・ベレンソンが指摘するように、ヴェネツィア人は国家の偉大さや名声を高めるためには何でもし、それによって町そのものを壮大な記念碑にしようとした。町の名誉のために行事や式典を繰り返し、壮麗さを愛し、美や歓楽を好む気風が自然に育まれたのである。今でもヴェネツィアは、カーニバルやビエンナーレなど、様々な祝祭の都であり、つねに華やいだ雰囲気に満ちている。そんなヴェネツィアがつねに華やかな美術を生み出す都になったのは自然のなりゆきであった。

それに加え、一千年にわたって独立を保ったこの共和国は「ラ・セレニッシマ（いとも静穏な国）」という別名のとおり、つねに社会が安定しており、芸術文化を育むのに適していたということもあげられよう。対外戦争や疫病で社会が疲弊したことがあっても、そんなときほど人々の愛国心は強くなり、上下の別なく一致団結して危機に対処しようとした。そして危機克服の際には、それを記念する建造物やモニュメントを作り上げたのである。

商人の国ヴェネツィアは、現実的で打算的な気風が支配的である一方、驚くほど信心深かった。この狭い地域は教会で埋め尽くされており、少し歩けばすぐに教会に行き当たる。一六〇五年にこの町を訪れた作家ボテーロは、「ヴェネツィアほど、教会のミサや説教に人々が集まり、聖職者が尊敬され、神への礼拝がきちんと行われて、祭日が華々しく神聖化されている町は、ほかにどこにもなかった」と記した。こうした信仰心は美術の母体となり、宗教的行事や祝祭はつねに美術制作を促したのである。

ヴェネツィア社会でもっとも重要であったのは同信会(信心会、兄弟会)である。中世以降、イタリア各地に発生し、コンフラテルニタというが、ヴェネツィアではスクオーラとよばれた。聖職者ではない在野の貴族や一般市民が運営する組織で、それぞれ守護聖人をいただき、共通の地域や出身地、職業によって団結し、ともに慈善運動や宗教儀礼に参加し、助け合って交流する互助組織にして社交クラブであった。政府や貴族とともにヴェネツィア美術の主要なパトロンとなる。

それぞれが同信会館を持ち、会費によって豪華に装飾されたが、ヴェネツィア美術のもっとも重要な作品群がこうした同信会館のために制作されている。ヴェネツィアには名の通ったものだけでも五〇を超えるスクオーラがあったが、大中小に分かれており、六つのスクオーラ・

グランデ（大同信会）があった。会員たちは宗教的な祝祭や都市の行事に参加し、同信会が競い合うことによってヴェネツィアを活性化させてきたのである。

冒頭に述べたように、ヴェネツィアの全域は一〇〇以上の島々からなり、約一〇の運河が横断し、四〇〇近くの橋で結ばれている。本島は一二世紀以降、サン・マルコ広場のあるサン・マルコ地区をはじめ、六つの地区（セスティエーレ）に分かれており、それぞれの結束や祝祭もさかんであった。地区の中心として広場《カンポ》があり、そこには雨水をためた井戸があり、人々の社交場となっていた。路地《カッレ》や橋によってすべて徒歩で回ることができるが、物資の輸送は細かくはりめぐらされた運河によっていた。そのため邸館の玄関は運河に面しており、一階は船着場や倉庫となっており、二階以上に居住していた。貴族や富裕な市民たちは、この大きな運河に面したパラッツォ（邸館）、郊外の田園にヴィラ（別荘）を建てて、それらの内部を美しく装飾させたのである。

ヴェネツィア絵画は四〇〇年にわたって、西洋絵画の最高級のブランドであり続けた。一七八六年にこの町を訪れたゲーテは、「ヴェネツィアの画家は、他の国の人々よりも、すべてものを明瞭かつ朗らかに眺めているのにちがいない」と記した。この町の生み出した絵画は、モザイク、油彩画、フレスコと、いずれも色彩豊かで華麗である。ヴェネツィア絵画史を書いた美術史家ジョン・スティーアは、ヴェネツィアでこうした絵画様式が発生し、発展したのを、この町の特殊な環境に求めている。水に浮かぶヴェネツィアは、空と海が近接し、どこもかしこも水の反射によって非常に明るく、色彩もきわめて鮮明に映る。一方、水蒸気は逆に色彩を吸収することもあり、とくに冬はすべての光景をモノクロームに還元してしまう。湿潤な空気のうちに不断に移ろうこうした視覚体験から、色彩に敏感な感性が育まれ、線描よりも色彩を重視するヴェネツィア絵画が生まれたというのだ。たしかに、色彩と変化にあふれたこの町に行くと、誰しもが景観への関心を呼び覚まされ、視覚の喜びに浸ることができるが、視覚芸術はこうした感性や逸楽の延長にあるものだ。

どんな地域でもその自然環境と美術とは関係があるが、たしかに、この町を歩き、その風光にどっぷり浸かってからヴェネツィア絵画を見ると、それらが環境と非常に調和していることがわかる。ヴェネツィア美術は当地で見てこそ、その美しさを十全に堪能できるといえよう。ローマ、フィレンツェ、パリ、ニューヨーク、イスタンブール、西安、京都。西洋でも日本でも、一度でも美術の中心地となったことのある都市というものは、都市と美術とが見事に調和しているものだが、ヴェネツィアほど都市と美術とが結びつき、渾然一体とえもいわれぬ魅力を生み出している町はない。

目次

写真＝著者撮影

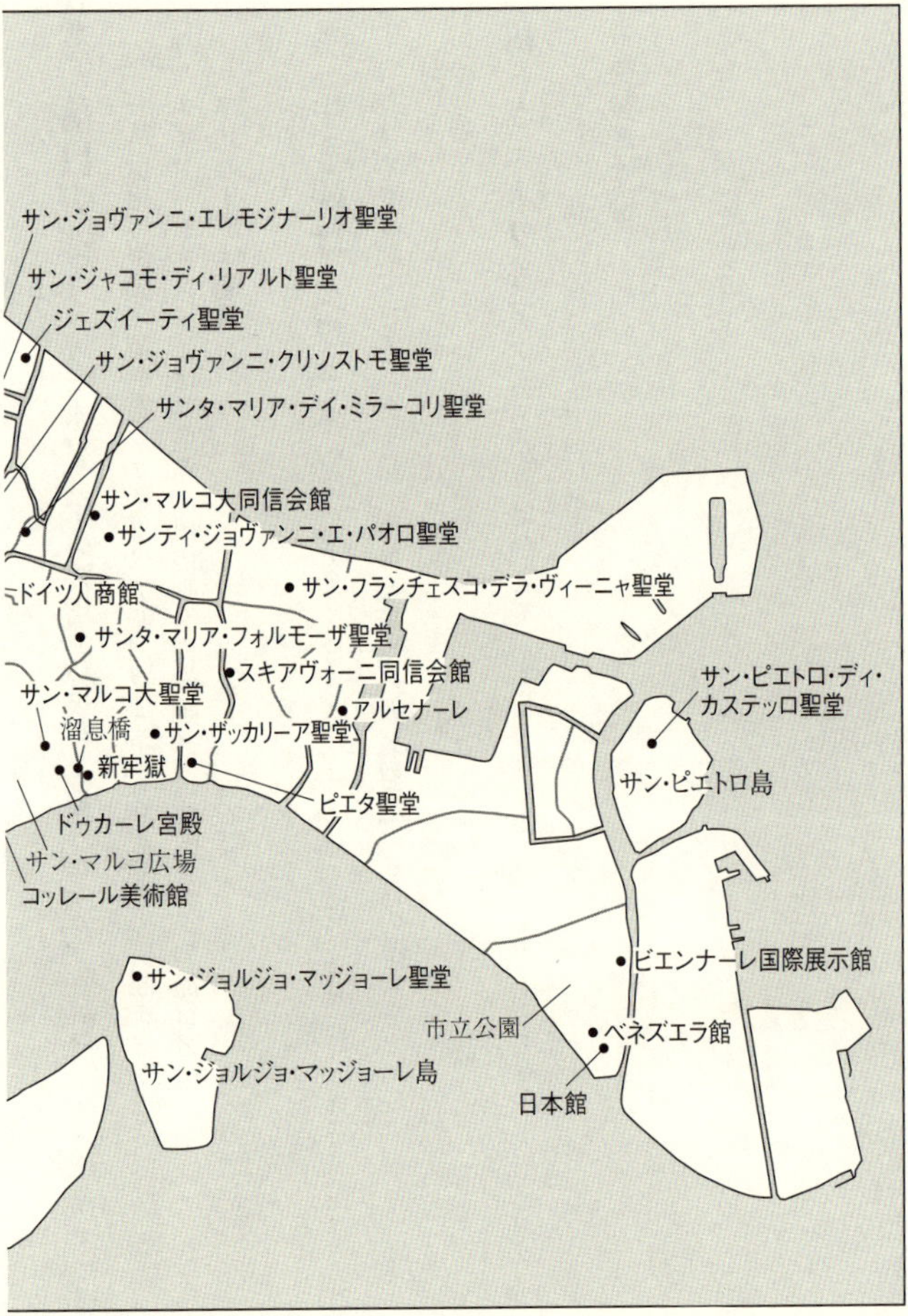
サン・ジョヴァンニ・エレモジナーリオ聖堂
サン・ジャコモ・ディ・リアルト聖堂
ジェズイーティ聖堂
サン・ジョヴァンニ・クリソストモ聖堂
サンタ・マリア・デイ・ミラーコリ聖堂
サン・マルコ大同信会館
サンティ・ジョヴァンニ・エ・パオロ聖堂
サン・フランチェスコ・デラ・ヴィーニャ聖堂
ドイツ人商館
サンタ・マリア・フォルモーザ聖堂
スキアヴォーニ同信会館
サン・マルコ大聖堂
アルセナーレ
サン・ピエトロ・ディ・
カステッロ聖堂
溜息橋
サン・ザッカリーア聖堂
新牢獄
ピエタ聖堂
サン・ピエトロ島
ドゥカーレ宮殿
サン・マルコ広場
コッレール美術館
ビエンナーレ国際展示館
サン・ジョルジョ・マッジョーレ聖堂
市立公園
ベネズエラ館
サン・ジョルジョ・マッジョーレ島
日本館

マドンナ・デッロルト聖堂
サンタ・ルチア駅
トルコ人商館
ラビア宮
大運河（カナル・グランデ）
スカルツィ橋
スカルツィ聖堂
サン・ザン・デゴラ聖堂
カ・ドーロ
カ・ペーザロ
サン・ジャコモ・デッローリオ聖堂
コスティトゥツィオーネ橋
おっぱい橋
リアルト橋
サン・ニッコロ・ダ・トレンティーノ聖堂
サンタ・マリア・グロリオーサ・デイ・フラーリ聖堂
サン・サルヴァドール聖堂
聖ロクス大同信会館
コルネール・スピネッリ宮
グリマーニ宮
サン・パンタロン聖堂
グラッシ宮
フェニーチェ劇場
カ・レッツォーニコ
カルミニ大同信会館
サント・ステファノ聖堂
サンタ・マリア・デル・ジーリオ聖堂
サン・セバスティアーノ聖堂
サン・モイゼ聖堂
アカデミア美術館
ペギー・グッゲンハイム美術館
ジェズアーティ聖堂
サンタ・マリア・デラ・サルーテ聖堂
プンタ・デラ・ドガーナ
ジュデッカ島
レデントーレ聖堂

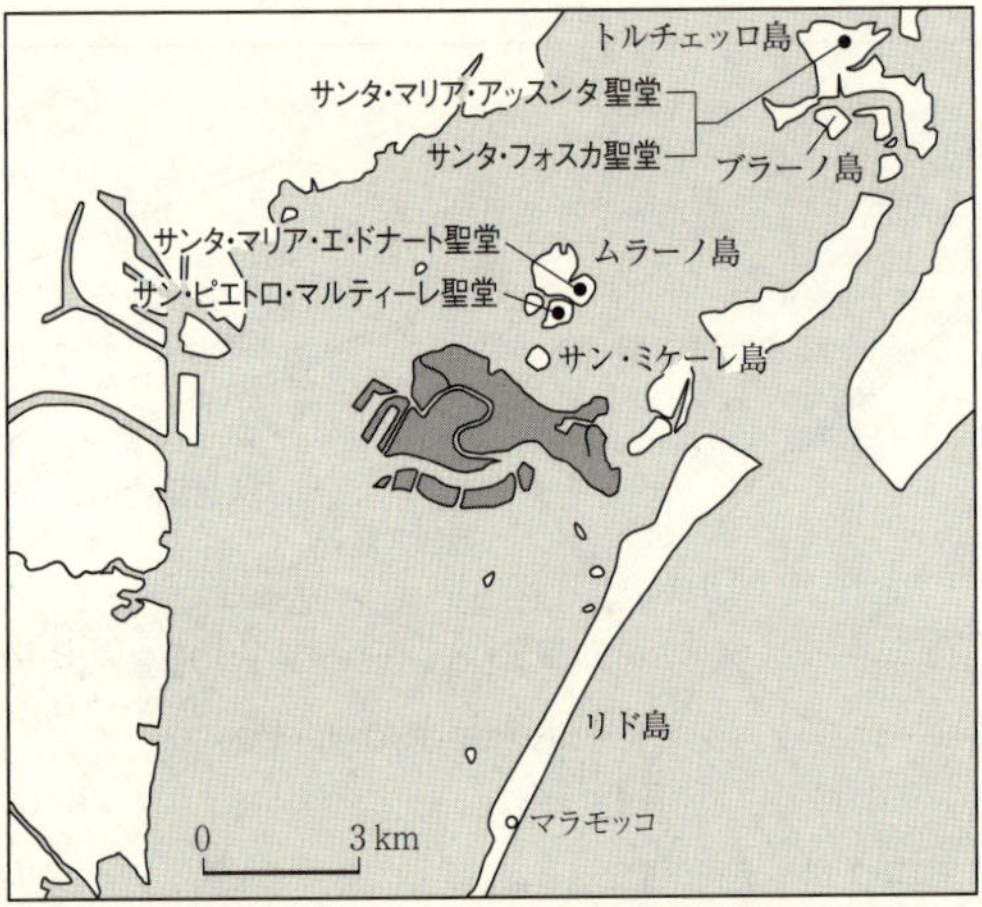
トルチェッロ島
サンタ・マリア・アッスンタ聖堂
サンタ・フォスカ聖堂
ブラーノ島
サンタ・マリア・エ・ドナート聖堂
ムラーノ島
サン・ピエトロ・マルティーレ聖堂
サン・ミケーレ島
リド島
マラモッコ
0
3 km

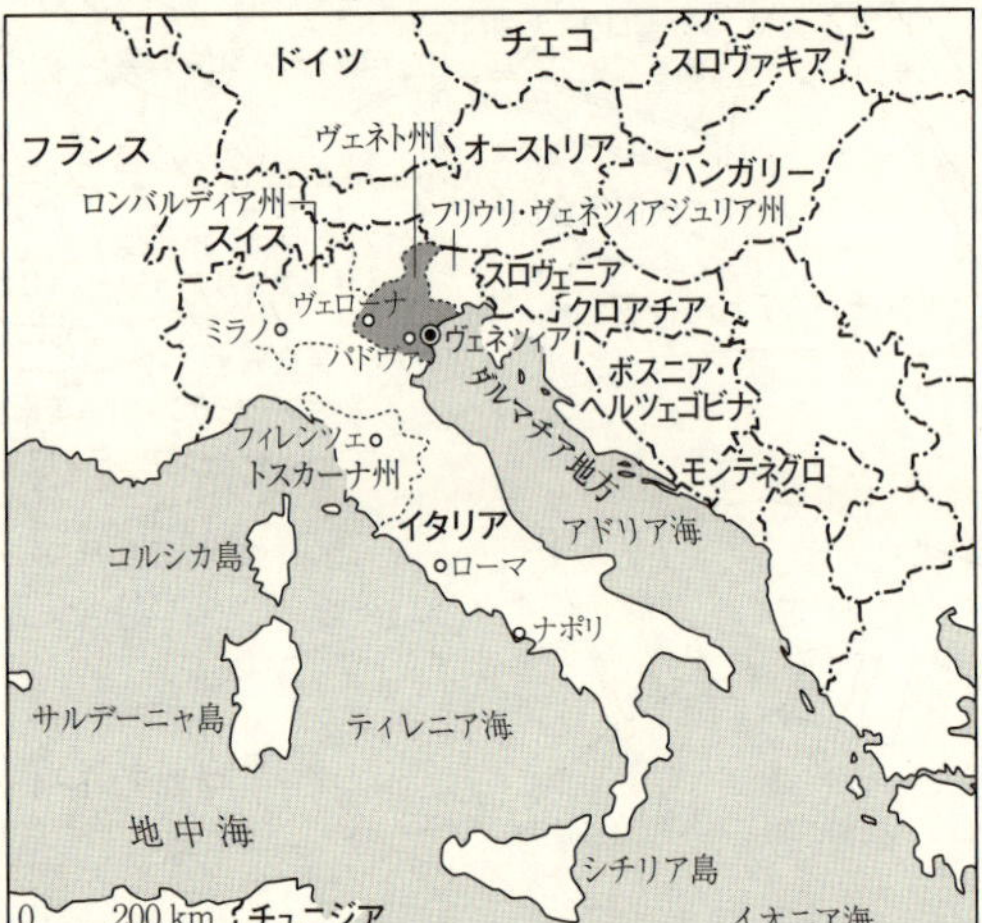
ドイツ
チェコ
スロヴァキア
フランス
ヴェネト州
オーストリア
ハンガリー
ロンバルディア州
フリウリ・ヴェネツィアジュリア州
スイス
スロヴェニア
ヴェローナ
クロアチア
ミラノ
ヴェネツィア
パドヴァ
ボスニア・
ヘルツェゴビナ
ダルマチア地方
フィレンツェ
トスカーナ州
モンテネグロ
イタリア
アドリア海
コルシカ島
ローマ
ナポリ
サルデーニャ島
ティレニア海
地中海
シチリア島
0
200 km
チュニジア
イオニア海

第 *1* 章

曙光の海

ヴェネツィアの誕生　6〜12 世紀・初期中世

カナレット《キリスト昇天祭の日の御座船の帰還》1730-35 年,
ウィンザー城王室コレクション

ヴェネツィアの始まり

伝説上、ヴェネツィアは四二一年三月二五日に建国されたことになっている。この日は受胎告知の日であったため、ヴェネツィアは聖母の都市となり、聖母のイメージはつねにヴェネツィアという都市のそれと重なることになった。

この国は、ゲルマン民族大移動のとき、西ゴート族、ランゴバルト族、フン族らの蛮族から逃れてラグーナの泥沼や小島に移り住んだのが発祥とされる。実際は古代ローマ時代の州「ウエネティア」に遡り、ラグーナにはヴィラ(別荘)があった。建国当初は文化らしいものをもたなかった。六世紀にゲルマン支配下のローマに仕えた高官カッシオドルスは、「人々は海鳥のように暮らしている」と報告している。人々の多くは漁労に従事し、やがて塩の交易によって利潤をあげ、魚と塩を運搬する河川交易を独占するようになった。

彼らはローマ帝国の後継者であるビザンツ帝国から自治権を与えられ、ビザンツ帝国との結びつきを強めることで、イタリア半島での脆弱な立場を補強したのである。

古代のローマ帝国は、ヨーロッパから西アジア、北アフリカの大半を支配した空前の大帝国であったが、やがてその巨大な帝国を維持することが困難となり、四世紀末に東西に分裂。西ローマ帝国は、ゲルマン民族の流入によって弱体化し、ついに四七六年に滅亡する。東ローマ帝国はその後も一四五三年にオスマン帝国に征服されるまで約千年間も続き、中世の西洋文化の中心であり続けた。このビザンツ帝国こそヴェネツィア文化の源流であり、そこから絶え間なく第一級の文物が流れ込んだことで、ヴェネツィアは中世の文化を開花させたのだった。

六九七年には最初のドージェ(元首、総督、統領)を選出し、以後一一〇〇年で一二〇人のドージェが輩出した。当初はビザンツ帝国の一州における最高司令官にすぎなかったドージェは、やがてヴェネツィアの元首となった。一〇世紀までは同じ一門が世襲することもあったが、やがてドージェが権力を独占することがないよう議会が整備され、また世襲とならぬよう選出基準は工夫をきわめた。

八世紀末から九世紀初頭にフランク王国のピピンが侵攻するが、これを撃退する。当初、ヴェネツィアの中心は、陸地に近いトルチェッロ島や港のあるマラモッコにあったが、このフランク王国侵攻の後、政体の中心はより防御しやすい現在のヴェネツィア本島にあたるリヴォアルトに移行した。河川交易から海上交易に重点を移し、木材や奴隷の貿易に従事する。

一〇〇〇年にはアドリア海沿岸部の海賊を撃退してダルマチア地方を併合し、これを記念し

1-1　アルセナーレの門

たキリスト昇天祭（ラ・センサ）以降、「海との結婚」という儀式が行われて今日にいたっている。これは、サン・マルコ広場からリドの潟口まで漕ぎ出したブチントーロ（御座船）に乗ったドージェが、「海よ、われらは汝と婚姻せん」と唱えて金の指輪を海に投げ込み、海とヴェネツィアが一心同体であることを宣言するものであった。現在まで続くこの祝祭を何度も描いたカナレットの絵（本章扉）によって世界中に知られている。

また、南イタリアで勢力を誇ったノルマン人やアドリア海の海賊を駆逐した功により、ビザンツ帝国から金印勅書により免税特権を獲得。

ヴェネツィアは創建当初から交易によって潤っていた。ラグーナとダルマチア地方沿岸の塩田から採れる塩をポー川平原一帯に供給することが繁栄の基盤となり、穀物とワインのほか、羊毛と毛織物の大規模な交易に携わる。地中海北岸や黒海沿岸の木材、鉄、毛皮などがオリエントに輸出され、オリエントからは香料、絹織物、砂糖、宝石などが輸入されてイタリアやドイツに提供された。

　一一〇四年、大規模なアルセナーレ（国営造船所）が建設され、以後西洋でもっとも多くの軍船と商船を生産することになる。現在の門（1-1）は、一四六〇年にアントニオ・ガンベッロが建設したもの。ヴェネツィアの象徴である有翼のライオンを戴いた凱旋門のようなこの門は、ヴェネツィアにおいてもっとも早く古代とルネサンスの様式を導入した建造物である。現在はヴェネツィア・ビエンナーレのメイン会場になっている。

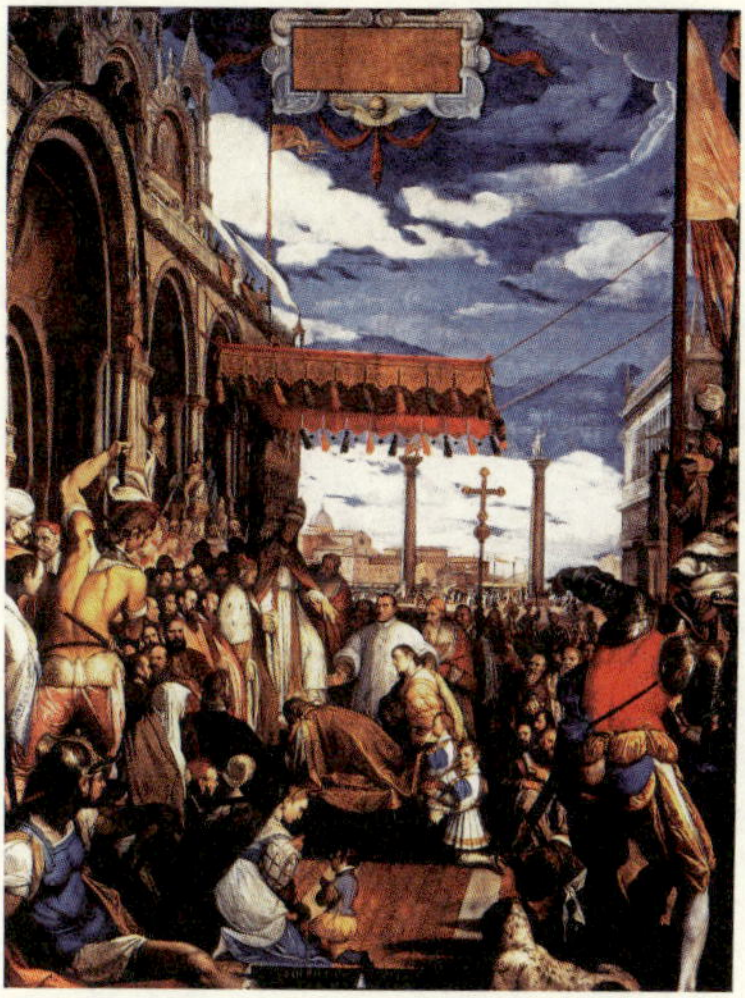
1-2　フェデリコ・ズッカリ《教皇アレクサンデル3世に跪く皇帝フリードリヒ・バルバロッサ》1582年，ドゥカーレ宮殿

　現在のクロアチアからギリシャ、さらにエジプト、シリアにいたる広大な地方に勢力を拡大し、地中海でもっとも有力な海洋国家となった。
　一一世紀以降、イタリア半島は教皇と神聖ローマ皇帝が争っていたが、ヴェネツィアはどちらにも与《くみ》することなく、一一七七年には、教皇アレクサンデル三世と皇帝フリードリヒ一世バルバロッサの停戦を斡旋し、両者をヴェネツィアで和解させた。このことは、西洋を二分した教皇権力にも皇帝権力にも属さぬヴェネツィアの独立を象徴する事件として長くヴェネツィア人の誇りとなり、ドゥカーレ宮殿の大評議会の間などに何度も描かれることになる（1-2）。

1-3　カナレット《サン・ジャコモ・ディ・リアルト聖堂》1725-26 年，ドレスデン美術館

ヴェネツィア最古の教会

ヴェネツィア本島で最古といわれる教会は、リアルト橋のたもとの広場に建つサン・ジャコモ・ディ・リアルト聖堂（1-3）である。一二世紀に建てられ、一六〇一年に改修された。内部には美しい円柱が立ち並ぶ。

またサン・ザン・デゴラ聖堂も古い歴史を持つ。サン・ジョヴァンニ・デコラート聖堂ともいうが、ヴェネツィア方言でこうなったもの。七世紀以降、小さな礼拝堂だったものが、一〇〇七年には教区を持つ教会となっていた。一三世紀に修復され、一八世紀に改築された。現在はロシア正教のミサを執り行っている。

建築は、一一世紀に普及していたヴェネト・ビザンチン様式をよくとどめている。重厚な石造の建物は、当時のイタリアで一般的であったロマネスク様式にも近い。内部は三廊式(身廊を中心にし、左右に側廊のつく教会のプラン)で、船底状のような木組みの天井である。水の都ヴェネツィアは早くから造船業が発達し、船底にも似た竜骨組みによって天井を施すことがあった。この教会のほか、サント・ステファノ聖堂や、この教会の近くにあるサン・ジャコモ・デッローリオ聖堂の内部(1-4)や、後述のムラーノ島のサン・ピエトロ・マルティーレ聖堂にも見ることができる。サン・ジャコモ・デッローリオ聖堂には、一二世紀から一三世紀の遺構が存在し、一三世紀のレンガ造りの鐘楼や聖水

1-4　サン・ジャコモ・デッローリオ聖堂天井

盤も残っている。

サン・ザン・デゴラ聖堂の礼拝堂からは、ビザンツ様式による一四世紀の壁画の断片が発見された。損傷が激しいが、主祭壇の右にある大天使ミカエルの絵は、素朴でありながら確かな絵画技術を示している。

ヴェネツィア発祥の島

ヴェネツィア発祥の地はヴェネツィアの北東約一〇キロに浮かぶトルチェッロ島である。五世紀には七万人の人口を数え、一一世紀に最盛期を迎えたが、やがてラグーナに砂が堆積し、一四世紀にマラリアが流行し、ヴェネツィア本島に人々が流出して徐々にさびれていった。現在では数人しか住んでいない。しかしこの小さな島はヴェネツィアの原点であり、原風景である。ヴェネツィア本島からはフェリーで五〇分ほどであり、訪れる価値は十分にある。

この島にあった建物のほとんどは解体されて建築資材として本島に運ばれたが、もっとも重要な聖堂が残っている。サンタ・フォスカ聖堂とサンタ・マリア・アッスンタ聖堂(1-5)である。後者は、六三九年、対岸のアルティーノから司教座を移したときに建設され、被昇天の聖母を祀る大聖堂であった。ヴェネツィア最古のモニュメントである。手前に七世紀の円形の洗礼堂の跡がある。九世紀と一一世紀に増改築を繰り返し、一三世紀に内陣の《聖母》(1-6)と入口上の《最後の審判》(1-7)のモザイクが制作された。内陣と身廊は一一世紀のイコノスタシス(聖障)によって分けられている。イコノスタシスの上には聖母子と十二使徒の板絵があ

1-5　トルチェッロ島，サンタ・マリア・アッスンタ聖堂

1-6　トルチェッロ島，サンタ・マリア・アッスンタ聖堂内陣

るが、これは一五世紀のもの。

　金地に輝くくぼんだアプスにすっと立つ聖母の姿は簡素にして荘厳であり、きわめて印象的である。聖母の下に描かれた十二使徒のモザイクは一二世紀のものとされ、この右手の礼拝堂にも一二世紀から一三世紀初頭にかけて制作された、祝福するキリストと大天使、その下に四聖人のモザイクがある。この時期のほかのモザイクと同様、これらはラヴェンナから来た職人によって作られたと思われている。金地のモザイクは、画面外の光を取り込んだ芸術であり、光を神と見なすキリスト教の信仰空間ではきわめて効果的であった。しかもその金地はフラットではなく、湾曲した壁面に施され、また個々の細片（テッセラ）の凹凸が異なるため、複雑な光を放つのである。

1-7　《最後の審判》トルチェッロ島，サンタ・マリア・アッスンタ聖堂内陣

　反対側の《最後の審判》は、六つの部分に分けられ、一番上は磔刑、次がキリストの冥府下り、三段目が最後の審判のキリストと使徒たち、その下が天使たちとアダムとエヴァ、五段目が天

使の秤によって左に天国、右に地獄に行く者に分けられ、一番下の段では左は天国、右は地獄の情景である。五段目と六段目の右側の地獄は、七つの大罪によって七つの地獄に分かれているが、それぞれが非常にユーモラスであり、見ていて興味が尽きない。

アメリカの抽象表現主義の画家マーク・ロスコはかつてこの教会を訪れて強い感銘を受けた。彼は晩年、絵画と空間が一体化して宗教的な雰囲気を生み出すロスコ・チャペルを構想するが、その発想源のひとつとなったのがこの教会であった。このヴェネツィア最古の教会には今なお森閑とした雰囲気が漂い、金色のモザイクのうちに深い宗教性が息づいているようだ。

この教会に隣接して建つサンタ・フォスカ聖堂は一一世紀から一二世紀にかけて建造された正十字架のプランの教会で、元来は殉教者記念堂(マルティリウム)であった。殉教したラヴェンナの聖女フォスカの聖遺物を祀り、洗礼堂、大聖堂、この教会によって、キリスト教徒の誕生、生、死を表していた。内部には装飾はなく、簡素な統一性を感じさせる。

ガラスの島

ヴェネツィア本島から一・五キロ離れ、ガラスの島として名高いムラーノ島も古い歴史を持つ。一二九一年の法令によってヴェネツィアの有力産業であったガラスの工房がこの島に集められ、一八世紀にいたるまで西洋一のガラス生産地となった。

サンタ・マリア・エ・ドナート聖堂は七世紀に建てられたものが一一四〇年に今の姿に変えられたが、ヴェネツィアでもっとも古い教会のひとつである。運河に面した教会の後陣（1-

1-8　ムラーノ島，サンタ・マリア・エ・ドナート聖堂後陣

1-9　ムラーノ島，サンタ・マリア・エ・ドナート聖堂内陣

8）が独特であり、白大理石による柱と煉瓦によって一層目は開口部のないポルティコ（列柱廊）、二層目がロッジア（開廊）となっており、同時期のヴェネツィアの世俗建築にも似た華やかさを感じさせる。

内部はバシリカ式であり、中世ヴェネツィア特有の木造の船底天井をもっている。内陣には、

1-10　ムラーノ島，サンタ・マリア・エ・ドナート聖堂床モザイク

1-11　ジョヴァンニ・ベッリーニ《バルバリーゴ祭壇画》1488年，サン・ピエトロ・マルティーレ聖堂

金地のモザイクにひとり立つ聖母像が見られる(1-9)。トルチェッロ島の聖母にも似ているが、この聖母は両手を上げ、信者に語りかけている。五百平方メートルにわたる床のモザイクは一二世紀のもので、孔雀、鶏、鷲、狼、グリフィンなどが中世の寓意や教訓を表している。その中には、手足を縛られた狐が二羽の雄鶏に運ばれている様を表したモザイク(1-10)があるが、これは警戒が狡猾に勝ったことを示す。このようなユーモラスなモザイクは、歩き回って見ていて飽きない。

サン・ピエトロ・マルティーレ聖堂は、一三四八年にドミニコ会修道院として建設され、火災の後、一五一一年に再建された。煉瓦作りの外観は、同じ修道会のサンティ・ジョヴァンニ・エ・パオロ聖堂とも共通する。ティントレットの《キリストの洗礼》のほか、ジョヴァンニ・ベッリーニの傑作《バルバリーゴ祭壇画》(1-11)が飾られている。これは、元首アゴスティーノ・バルバリーゴのために制作されたもので、元首の生前はドゥカーレ宮殿に飾られていたが、サンタ・マリア・デリ・アンジェリ聖堂に遺贈され、そこからこの教会に移されたものである。跪く元首を聖マルコが聖母子に紹介している。反対側には彼の守護聖人である聖アウグスティヌスが立ち、その背景にはアルプスの山並みが見える。

この絵のあったドゥカーレ宮殿の部屋は一五七七年に火災に遭い、そこに飾られていた同種の祈念画はすべて焼失したため、この絵が残ったのは幸運であった。一五世紀以前の祈念画はほとんど残っていないため、この絵はきわめて貴重な作例である。

この絵の掛けられた教会の内部には、ガラスの島にある教会だけあって、すばらしいガラスのシャンデリアが吊られている。まさにベッリーニの活躍した一五世紀から一六世紀に、この島のガラス工芸も繁栄の頂点を迎えたのであった。近くにあるガラス工芸博物館は、司教の邸宅であった一七世紀のジュスティニアン宮に設けられており、一八六一年に博物館として開館した。そこでは、紀元前から現代にいたるガラス工芸の歴史を目にすることができる。現在でもヴェネツィア・グラスはガラスの最高級のブランドであり続けているが、この島に軒を連ねるガラス工房やショップをのぞいて歩くのも楽しい。

第2章

地中海制覇への道

共和国の発展　13〜14世紀・ゴシック

サン・マルコ大聖堂内部

十字軍の遺産

ヴェネツィアの国力を飛躍的に発展させたのが十字軍であった。ヴェネツィアは一〇九六年に始まった十字軍に便乗してパレスチナ沿岸や東地中海に進出し、香料貿易によって大きな利益をあげた。一二〇四年の第四回十字軍では、ほとんど盲目になっていた高齢の元首エンリコ・ダンドロ自らが兵を率いて出航し、聖都エルサレムではなく、コンスタンティノープルを占領してしまう。その三〇年ほど前にビザンツ帝国皇帝がヴェネツィア人をコンスタンティノープルから追放し、財産を没収したが、この占領はその報復であった。コンスタンティノープルの劫掠《ごうりゃく》戦の様子は、ドゥカーレ宮殿の大評議会室のドメニコ・ティントレットによる壁画に描かれている。

このときから一二六一年まで続くラテン帝国時代に、コンスタンティノープルからは幾多の財宝や美術品が略奪されてヴェネツィアにもたらされ、その多くはサン・マルコ大聖堂に飾られた(2-1)。四頭の青銅の馬の彫刻は、サン・マルコ大聖堂の正面に飾られた。聖堂の南側に立てられた「アクレの柱」(2-2)という二本の大きな大理石の角柱は、コンスタンティノープルの聖ポリエウクトス聖堂から略奪してきたものであり、その表面には繊細な装飾が施されている。その近くの壁に組み込まれた「テトラルキ」とよばれる赤斑岩の群像(2-3)は、四世紀の「四帝共同統治記念像」である。ヴェネツィアでは、この像はサン・マルコ大聖堂の財宝を盗もうとしたムーア人が聖人によって石に変えられて凝固したものだという伝承が生まれた。

八二七年、二人の商人によってエジプトのアレクサンドリアから聖マルコの遺骨がもたらされた。イスラム教徒の嫌う豚肉の中に隠して運んだという。この遺骨をドゥカーレ宮殿に運びこもうとしたところ、遺骨が突如重くなって動かせなくなった。そこでその位置にこれを納めるためのサン・マルコ大聖堂の建設が開始されたという。それまでのヴェネツィアの守護聖人は聖テオドルスであったが、このときから聖マルコに取って代わり、この聖人の象徴であるライオンがヴェネツィアのシンボルとなった。ヴェネツィアのサン・マルコ広場の海への玄関口には二本の高い円柱が建っているが(2-4)、片方には聖マルコの象徴である翼のあるライオン、もう片方にはワニに乗る聖テオドルスが載っている。当初の守護聖人も忘れずに顕彰しているのである。

2-1　サン・マルコ大聖堂とドゥカーレ宮殿

2-2　アクレの柱

2-3　「テトラルキ(四帝共同統治記念像)」4 世紀，サン・マルコ大聖堂

2-4　サン・マルコ広場に建つ円柱．片方に翼のあるライオン，もう片方にワニに乗る聖テオドルス

サン・マルコ大聖堂

最初のサン・マルコ大聖堂は九七六年に焼失し再建された。次に、一〇六三年に元首ドメニコ・コンタリーニの下で新たに再建がはじまり、一〇九四年に完成する。コンスタンティノープルから招かれた建築家により、六世紀にコンスタンティノープルに建てられて一五世紀に破壊された聖使徒聖堂（アギイ・アポストリ）をモデルとして、それと同規模で、五つの円蓋をいただくギリシア十字式プランの巨大な聖堂が建設された。中世ヴェネツィア最大の記念碑であると同時にヴェネツィアのシンボルでもある。

この聖堂はドゥカーレ宮殿に付属する元首の宮廷礼拝堂であり、司教座聖堂ではなかった。ローマ教皇庁の任命する司教座聖堂は、ヴェネツィアの東のはずれにあるサン・ピエトロ・ディ・カステッロ聖堂であっ

2-5 《聖マルコの遺体の運搬》1260-70年，サン・マルコ大聖堂

た。一八〇七年にようやくサン・ピエトロ・ディ・カステッロ聖堂からサン・マルコ大聖堂に移されたのである。

ヴェネツィアはビザンツ帝国との結びつきが強かったため、カトリックでありながらもローマ教皇庁とは距離をとり、司教の任命権の大半も教皇ではなくヴェネツィア政府が握っていた。元首が宗教的な儀式も執り行い、また宗教以外の政治的な儀式もサン・マルコ大聖堂で行われた。こうしたヴェネツィアの政教一致政策が、ヴェネツィアの教会や宗教芸術に世俗性や独自の華やかさを付与することになった。そして、この聖堂が純粋なビザンツ様式であるということは、教皇庁や神聖ローマ帝国に対するヴェネツィアの立場を明確にするという意味を持っていたのである。

ファサード(正面)は二層五連のアーチをもち、アーチの内部にはモザイクが施されている。ただし、左端(北)の「サンタリーピオの扉」の上にある半円形のモザイク《聖マルコの遺体の運搬》(2-5)のみが一三世紀のもの(一二六〇―七〇年)で、残りは一七から一九世紀のものである。このモザイクにも当初のサン・マルコ大聖堂の姿が描かれているが、さらに詳細な姿は、ジェンティーレ・ベッリーニの《サン・マルコ広場における聖十字架の行列》(3-10)に描かれた姿からうかがい知ることができる。中央の入口は三重のアーチで囲まれ、一三世紀から一四世紀にかけての彫刻が施されている。アーチの内側には、パルマやモデナにも共通するロマネスク様式によって月暦図や様々な職人の浮彫が見られる。

2-6　青銅の馬，サン・マルコ大聖堂

二階の中央には、コンスタンティノープルの競技場から略奪してきたヘレニズム時代の見事な彫刻、四頭の青銅の馬が飾られている。現在見られるのは複製であり、オリジナルは聖堂内部の博物館に展示されている(2-6)。

2-7　ダレ・マゼーニェ兄弟，イコノスタシス，サン・マルコ大聖堂

内部を覆う華麗なモザイク（本章扉）は一一世紀から一四世紀にかけてビザンツとヴェネツィアの職人が作り上げたもので、異なる時代の様式が混在している。モザイク装飾のプログラムも、聖使徒聖堂のそれに倣っていると考えられる。当初のモザイクのほとんどは一一〇六年の火災で失われ、一二世紀の後半から再びモザイクが施された。床を覆う広大なモザイクは一二世紀のものが完全に残されている。

ドームの主題は、《インマヌエル（幼児キリスト）》、《キリスト昇天》、《聖霊降臨》などであり、身廊内には《キリスト受難》が見られる。もっとも興味深いのは一三世紀に西側に追加されたナルテクス（玄関間）の天井である。そこには浅い小円蓋が並び、《天地創造》、《ノアの洪水》など「創世

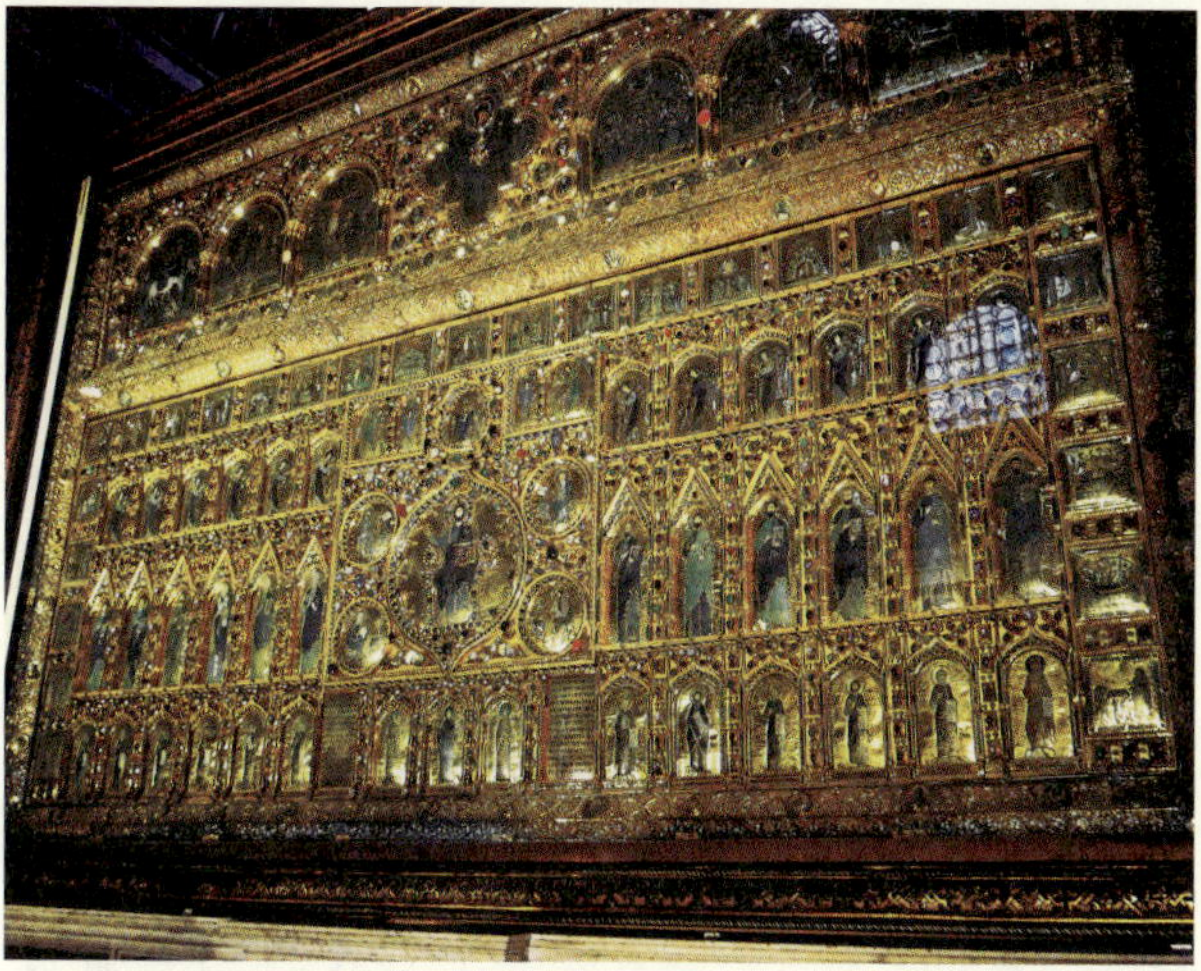

2-8　パラ・ドーロ，サン・マルコ大聖堂

記」の主題が描かれる。プリミティヴながらも巧みな説話表現は、六世紀の「コットン・ゲネシス」という写本挿絵と同一である。この写本は一二〇四年にコンスタンティノープルからもたらされたものであった。

ナルテクスの南側には一四世紀前半に作られた洗礼堂があり、洗礼者ヨハネの生涯を描いたモザイクが覆う。中でも扉上のルネッタに描かれた《ヘロデの宴》では、ヨハネの首を頭に載せて歩むサロメがかわいらしい。

内陣と身廊の間に立つイコノスタシス(聖障)(2-7)には、磔刑像を中心に、聖母、十二使徒、聖マルコが並んで立つ。これは、一四世紀のヴェネツィアを代表する彫刻家ヤコベッロとピエトロ・パオロのダレ・マゼーニェ兄弟が一三九一年から九四年に制作したもの。トスカーナの後期ゴシック彫刻の影響を受けており、異なる身振りをした聖人たちは単調さを破っている。

北(左)翼廊には、《ニコペイアの聖母》というイコンを祀った祭壇があるが、このイコンも第四次十字軍によってコンスタンティノープルからもたらされたもので、一二三四年にサン・マルコ大聖堂に安置された。毎年八月一五日の聖母被昇天の祝日にはサン・マルコ広場の行列で捧持され、ヴェネツィアの守護神のように、古来もっとも人々の崇敬を集めてきた聖母像である。

パラ・ドーロ

内陣の主祭壇の前に立っているのが幅三メートルにもおよぶパラ・ドーロ(黄金祭壇)(2-8)である。黄金の地にエマーユ(七宝)で描かれ、真珠、ルビー、エメラルド、サファイアなどの宝石がふんだんにちりばめられたこの大きな祭壇は、サン・マルコ大聖堂に所蔵される宝物の中でももっとも有名な作品で、ヴェネツィア最盛期のありあまる富を具現した記念碑である。前に立ってみると、その大きさと華麗さに驚かされる。

この祭壇は、四人の元首が長年にわたって手を加えて作られた。まず、九七六年に元首ピエトロ・オルセオロ一世がコンスタンティノープルに七宝製の祭壇を注文し、一一〇五年、オルデラフォ・ファリエ元首が、下部をビザンツ帝国皇妃イリニの肖像と対になって並ぶ新しいエマーユで飾り、一二〇九年、ピエトロ・ズィアーニ元首がコンスタンティノープルから持ち帰った金銀細工やエマーユで豊富に装飾して全体を拡張し、一三四三年、元首アンドレア・ダンドロが現在の姿に整えた。

この祭壇は上下二段に分かれ、上部の中央に大天使ミカエルがおり、その左右に「エルサレム入城」「冥府降下」「磔刑」「昇天」「聖霊降臨」「聖母の死」が並ぶ。下部は、中央に玉座に座る「キリスト・パンクラトール(全能のキリスト)」が、「四福音書記者」に囲まれ、その左右は三段のアーケードが連なり、その中に天使、使徒、預言者が並んでいる。中央のキリストの下には「オランスの聖母」、右に「皇妃イリニ」、左に「元首オルデラフォ・ファリエ」が並ぶ。当初、皇妃イリニの隣には皇帝アレクシオス一世の肖像があったのだが、元首ファリエが自分の姿に替えてしまったという。下部の周囲には、「受胎告知」から「聖霊降臨」にいたるキリスト伝と聖マルコ伝が四角のパネルの中に描かれる。

この輝かしい祭壇は今ではつねに観客の目を楽しませているが、長らく特別な祝日にしか公開されていなかった。それ以外の日には、《フェリアーレ(平日の)祭壇画》(2-9)がパラ・ドー

2-9　パオロ・ヴェネツィアーノ《フェリアーレ祭壇画》1345年，サン・マルコ大聖堂

ロを覆っていた。これは一三四五年、元首アンドレア・ダンドロが画家パオロ・ヴェネツィアーノに注文して制作させたもので、パオロは息子ルカとジョヴァンニとともに描いた。ヴェネツィア絵画の創始者によってヴェネツィアの説話画の誕生を告げるこの作品は、現在、大聖堂内の博物館に展示されている。

ヴェネツィアの発展

コンスタンティノープル占領後、ヴェネツィアはクレタ島をはじめ、エーゲ海やイオニア海の重要な基地を獲得し、黒海沿岸にまで進出して東方交易の可能性を著しく広げた。一二八四年にはドゥカート金貨を鋳造するなど経済的に著しく発展する。純金製のドゥカートは、裏面に聖マルコが跪く元首に旗を手渡す場面が彫られており、長らく地中海世界の本位貨幣となった。この一三世紀にはマルコ・ポーロがヴェネツィアを出発して陸路、中国にまで旅行し、東方からは以後ヴェネツィアのカーニバルを彩ることになる仮面がもたらされた。

また、一二九七年、議会の議席を貴族の成員に限定するが、この「セッラータ（大議会閉鎖）」によって内紛を防ぎ、貴族による大評議会が以後ヴェネツィア政治を担うことになった。議員の数は一三世紀末には四、五百人であったが、一五世紀末には二〇〇〇人ほどになった。一三一〇年、名門貴族のバイアモント・ティエポロが、人望のない元首を打倒しようと陰謀を企てて発覚したが、この反乱事件を契機に、強い権限と機密性をもつ十人委員会が設置された。彼らは安全保障と風紀監視を担い、監視網を張り巡らし、スパイを各地に派遣した。密告が奨励され、ドゥカーレ宮殿の「獅子の口」（2-10）のように、随所に情報を収集する目安箱が置かれた。こうした厳しい統制と監視によって、ヴェネツィア共和国はずっと社会不安とは無縁であったのである。

2-10　ドゥカーレ宮殿「獅子の口」

一四世紀初頭にはヴェネツィアのガレー船は、ブルッヘやロンドンまで定期的に航海するようになり、国有のガレー船団による定期商船路（ムーダ）が整備された。大運河（カナル・グラン

2-11　ドイツ人商館

デ）沿いにはフォンダコ・デイ・テデスキ（ドイツ人商館）（2–11）をはじめ各国の商館が建ち並んだ。こうした商館は、商品倉庫にして取引所、各国の会合所にして宿泊所でもあった。

しかし、一三世紀末からライバル都市ジェノヴァとの争いが激しさを増し、ダルマチアがハンガリーに奪われ、さらに一三四八年にペストが流行して人口を半減させてしまう。こうして一三世紀から一四世紀前半にかけて繁栄してきたヴェネツィアはこの世紀の後半に危機の時代に入る。

一四世紀までのヴェネツィアは経済発展期にあたり、国をあげて海外投資や商売に奔走し、あるいはダルマチアなど東地中海の各地にその勢力を拡張することに腐心した時期であった。このような時代には、ヴェネツィア人たちは都市や邸宅を装飾するよりも黄金や財宝を求め、また資本の大半は事業に回されて文化に用いられることは少なかった。したがって、こうした経済発展期に独自の美術が生み出されることはなかったのである。彼らの富や財力はサン・マルコ大聖堂の金のモザイクやパラ・ドーロに集約されている。

創造性や洗練さよりもきらびやかさや豪華さが追求され、中世の西洋すべてに共通することだが、創作者の個性や天才などが顧みられることはほとんどなかった。それは集団的な職人の芸術であるが、経済的な成長期にあったこの国の栄光を示してあますところがない。

二大ゴシック教会

一三世紀からヴェネツィアには教会の建設ブームが訪れる。中世後期にほぼ同時に成立したドミニコ会とフランシスコ会は、托鉢修道会とよばれ、それまでの修道院のように人里離れた山野でなく、都市部にあって社会活動をする修道会として会員を増やし、中世の文化に大きな足跡を残した。この二つの修道会はライバル同士であり、多くの地域で同時期に聖堂を建設した。ヴェネツィアにおいても一三世紀にこの両会はあいついで進出し、一見似たような大きなゴシック聖堂を建設し、それがヴェネツィアにゴシック様式をもたらすことになった。

ドミニコ会のサンティ・ジョヴァンニ・エ・パオロ聖堂（2-12）は、サン・ザニポロ聖堂ともよばれ、一二四六年から一四三〇年にかけて建てられた。アントニオ・ガンベッロによるファサードに、バルトロメオ・ボンによる大理石扉がつく。

三廊式のバシリカ式の内部は広々としており、壁面には多くの礼拝堂（祭室）と墓廟が並ぶ。

2-12　サンティ・ジョヴァンニ・エ・パオロ聖堂とサン・マルコ大同信会館(左)

二五人の元首が祀られたヴェネツィアのパンテオンであり、それらをたどるだけでゴシックからバロックにいたるヴェネツィア彫刻史を概観できるほどである。いくつかの重要な墓廟については第3章で見よう。

フランシスコ会は、一二二二年にヴェネツィアにやって来た。彼らの教会サンタ・マリア・グロリオーサ・デイ・フラーリ聖堂(2-13)は、サンティ・ジョヴァンニ・エ・パオロ聖堂と同じような規模と煉瓦作りのゴシック教会の外観をもつ。「フラーリ」とは修道士たちという意味だが、ヴェネツィア方言でフランシスコ会士たちをさす。一二五〇年に創建され、一三三八年に一応完成したが、説教を聴きに来る大衆が増えて狭小になったため、改築・拡大されて一

2-13　サンタ・マリア・グロリオーサ・デイ・フラーリ聖堂

四四五年に現在の姿になった。サン・マルコ広場にあるものに次ぐ高い鐘楼が付随し、北側には広大な修道院がある。

　設計はシピオーネ・ボンによるものとされ、バシリカ式の三廊形式で、広大な内部空間には他の多くのヴェネツィア教会と同様、天井の交差ヴォールト（かまぼこ形天井）に横木が架けられている。身廊中央部には聖歌隊席があるが、入口から入るとこの聖歌隊席の奥にティツィアーノの大祭壇画《聖母被昇天》（4-10）が見える。この聖堂は、第4章で見るように、ティツィアーノの教会として知られ、この巨匠の墓もある。サンティ・ジョヴァンニ・エ・パオロ聖堂と同じく、この教会にも歴代の元首の墓廟が並び、多くの富裕な家族や同信会からの寄進による墓廟や祭壇はこの教団の人気を物語っている。

同じ托鉢修道会のアウグスチノ会も一二四九年から一四世紀初頭にかけてゴシック様式のサント・ステファノ聖堂を建てている。

サンティ・ジョヴァンニ・エ・パオロ聖堂とサンタ・マリア・グロリオーサ・デイ・フラーリ聖堂とは、ヴェネツィアの中心サン・マルコ広場から東西に似たような距離にあり、同じような規模と重要性を持っている。ジョヴァンニ・ベッリーニやティツィアーノはいずれの聖堂にもヴェネツィア美術史を画す重要な作品を残した（ただしサンティ・ジョヴァンニ・エ・パオロ聖堂のティツィアーノ作品は焼失）。そして、この教会のいずれかに葬られることがヴェネツィア人にとっての最高の栄誉であった。

フィレンツェにおいても、ドミニコ会とフランシスコ会は、一三世紀にそれぞれサンタ・マリア・ノヴェッラ聖堂とサンタ・クローチェ聖堂を、フィレンツェの中心であるドゥオモから似たような距離で反対側に建設している。ヴェネツィアでもフィレンツェでも、この二大修道会の聖堂は中世からルネサンスの美術の宝庫となっているのだ。

ヴェネツィア絵画の始まり

ヴェネツィア絵画の歴史は古い。早くも一二七一年に画家組合（アルテ・デイ・デペントーリ）が成立したが、これはイタリア最古である。画家といってもそのジャンルは祭壇、楯、箱、皿、テーブルなど、描く支持体によって分かれており、それぞれに規制が設けられていた。サン・マルコ大聖堂のモザイク下絵には、この組合は大々的に関わったようであるが、総じて遺品はきわめて少ない。一四世紀になると、はじめて屹立した個性をもった芸術家が登場する。ヴェネツィア絵画の祖パオロ・ヴェネツィアーノである。

一四世紀初頭、トスカーナ地方ではビザンツ様式から脱した新たな絵画様式が誕生した。フィレンツェのチマブーエ、それに続くジョットによって三次元の奥行きのある舞台に自然らしい人間像が表現され、たくみな感情表現によって説得力をもつ説話様式が開発された。また、シエナではドゥッチョが優雅で洗練された線描による説話表現によって新境地を拓き、シエナ派とよばれる新潮流を創始した。彼らの新様式はウンブリア地方のアッシジの大聖堂で出会い、イタリア中に広まる。

ジョットは一三〇四年から六年にかけて、ヴェネツィア近郊のパドヴァに来て畢生《ひっせい》の大作であるスクロヴェーニ礼拝堂の壁画を制作しているが、この革新的な絵画様式の影響は徐々にヴェネツィアに伝わった。

2-14　パオロ・ヴェネツィアーノ《ダンドロの半円飾り》1339年，サンタ・マリア・グロリオーサ・デイ・フラーリ聖堂

一三二一年に最古の記録のあるパオロ・ヴェネツィアーノは、ビザンツ後期のパレオロゴス朝の絵画様式のうちにとどまりながら、ジョットやピサーノの影響によってその厳格さを緩和し、華やかな色彩と巧みな説話表現によってヴェネツィア絵画の方向性を確定した。その作品は黄金時代のヴェネツィアの商船に乗って植民地にも輸出され、現在でもベオグラードやドブロヴニクに作品が残っている。

サン・マルコ大聖堂で、前述のパラ・ドーロ（黄金の祭壇）（2-8）を覆っていた《フェリアーレ祭壇画》（2-9）では、ビザンツ美術らしい抽象性とゴシックの優美さがうかがわれ、その背後にあった黄金の祭壇に対抗するかのように華美な色彩が施されている。黄金一色であったヴェ

2-15　ロレンツォ・ヴェネツィアーノ《リオン祭壇画》1357年，アカデミア美術館

ネツィア絵画を華麗な色彩による画面に移行させたのである。

サンタ・マリア・グロリオーサ・デイ・フラーリ聖堂の聖堂参事会室には、《ダンドロの半円飾り》(2-14)がある。一三三九年に没したこの元首と夫人が聖母子に跪く祈念画であり、その下に設置された石棺の《聖母の死》の浮彫に見られる人物群像と呼応するようなリズミカルな左右対称の構図を示し、金地に赤と青の色彩が映える。

アカデミア美術館にある《聖母戴冠の祭壇画》は、図像的にはビザンツのものとウンブリア・トスカーナの様式とが混在しており、鮮烈な色彩と豪華な装飾性が結びついた傑作である。キリストの衣文線にはシエナ派のように金が施され、山や岩が赤や黄色で塗られているなど、装飾的な効果が顕著である。

2-16　ヤコベッロ・アルベレーニョ《世界の収穫》1360-90 年，アカデミア美術館

一三六二年に没したパオロ・ヴェネツィアーノを継承したロレンツォ・ヴェネツィアーノは、パオロとは直接の関係はない。彼は一四世紀後半に活躍し、一〇点近い作品が現存する。パドヴァで活躍していたアルティキエーロやジュスト・デ・メナブオイのゴシック様式の影響を受け、《リオン祭壇画》（2-15）に顕著に見られるように、ビザンツ様式を脱して優美さを追求した。

また、ヤコベッロ・アルベレーニョはおそらくはパオロ・ヴェネツィアーノに師事したと思われ、ジョットやその後にパドヴァで活躍したジュスト・デ・メナブオイの影響を示すアカデミア美術館の《磔刑の三連祭壇画》のほか、《世界の収穫》（2-16）のような、黙示録の印象的な情景を描いた。大きな鎌を両手で持った天使が、葡萄を刈り取ろうと身をかがめているが、厳しい審判というより、のどかな雰囲気が漂っている。

ドゥカーレ宮殿の大評議会室は、一三四〇年に拡張されることが決定し、一三六五年にパドヴァの画家グアリエント・ディ・アルポにその壁面の装飾が依頼された。彼は、この部屋の東の壁面に巨大なフレスコ画《聖母戴冠(天国)》を描いた。ヴェネツィアは聖母の都市であったが、聖母に重ねられたヴェネツィアが神に祝福される様子を表したものであった。しかしこの大壁画は一五七七年の火災によって焼失してしまった。その後、この壁面にはティントレットによって《天国》が設置されて現在にいたっている。

一九〇四年、このティントレットの油彩画の裏に、グアリエントの大壁画が現存しているのが発見された。それは壁面から剝がされて現在、別室に展示されている(2-17)。損傷が著しいとはいえ、図様がはっきり認識でき、中央の聖母とキリストの周囲に聖歌隊席のような椅子にすわる天使が配されている。当初は黄金で彩られていたらしいが、この大壁画は、経費と時間のかかるモザイク一辺倒であったヴェネツィアの室内装飾を壁画に転換させるものであり、後の大壁画の時代を予告する記念碑的作品であった。

2-17　グアリエント・ディ・アルポ《聖母戴冠(天国)》
1365年，ドゥカーレ宮殿

第3章

黄金時代

絶頂期のヴェネツィア　15世紀・初期ルネサンス

カルパッチョ《リアルト橋の奇跡》1496年頃，アカデミア美術館

ヴェネツィアの絶頂期

一五世紀はヴェネツィアの政治経済が絶頂に達した時代であった。一四世紀の後半、ヴェネツィアはジェノヴァとの戦争で国力を消耗させたが、一三八一年にジェノヴァと休戦条約を結び、東方貿易を完全に掌握するにいたった。このときからオスマン帝国との戦闘が始まる一四九八年までがヴェネツィア共和国の歴史上もっとも平和で安定した全盛期となる。

元首トンマーゾ・モチェニーゴが一四二三年に遺した遺言は、ヴェネツィア最盛期の国力を伝える名高いものだが、そこでは商船三八〇〇隻、船員総数三万六〇〇〇人が数えられ、貿易総額は一〇〇〇万ドゥカートにのぼり、ゼッカ(造幣局)は年間一二〇万ドゥカート金貨を鋳造していたことなどが報告されている。

ヴェネツィアは輸入と輸出を並行して行っていた。ヨーロッパから木材、金属、羊毛、毛織物、絹織物、亜麻布などを仕入れ、代わりに香辛料、香水、絹、綿、染料、奴隷などを供給した。スラヴ世界から木材、蜂蠟、毛皮、大麻など、ビザンツ世界からはワインと絹製品、イスラム世界からは砂糖、麻、綿、香辛料などがもたらされた。ヴェネツィアとその植民地の生産物としては、塩、砂糖、小麦、ワイン、羊毛、ガラス、装身具などがあった。年間貿易量も一三世紀から一五世紀の間に増大し、ガレー船の積荷は、三〇〇〇トンから一万トンにも達した。

人口は徐々に増えて一五世紀には一五万人にのぼり、それは貴族、市民(チッタディーニ)、平民の三階層に分かれていた。投票権を持っているのは貴族に限られ、市民は下級官吏にとりこまれ、平民は同信会によって団結したが、階級闘争や内紛はなく、政治的な安定の下で平和を謳歌した。ヴェネツィア共和国の別名を、「ラ・セレニッシマ(いとも静穏な国)」というのはそのゆえである。

一五世紀前半、ヴェネツィアは次第にイタリア内部の政争に関わるようになり、海上だけでなくイタリア半島の内陸部にも植民都市を増やし始めた。パドヴァやヴェローナと戦闘の末勝利し、一四二〇年までにヴェネツィアはこの両都市のほか、バッサーノやヴィチェンツァなどを獲得した。さらに東北のフリウリ地方にも勢力を伸ばし、さらにミラノと争ってロンバルディア地方のベルガモやブレーシャなどを獲得する。一五世紀半ばにはこうした「テラ・フェルマ(陸の国家)」の維持を強化し、それとともにイタリア各地のルネサンス文化が流入することになった。それにより、トスカーナのルネサンス様式の建築が建てられ、その内部には古典的な墓廟や彫刻、自然主義的な絵画の祭壇画が設置された。

3-1　ヤコベッロ・デル・フィオーレ《正義の三連祭壇画》1421 年，アカデミア美術館

ヴェネツィア政府は一四〇九年、イタリアでもっとも優れた画家であったジェンティーレ・ダ・ファブリアーノを招聘し、ドゥカーレ宮殿の大評議会の間の装飾を委嘱した。ジェンティーレは一四一六年まで壁画《アレクサンデル三世伝》を制作し、さらに一四一九年、ジェンティーレの優れた弟子であったピサネッロが来て同じ部屋で装飾を続けた。ヴェネツィアが教皇と神聖ローマ皇帝を和解させたこの事件を描いた大壁画は、一五世紀前半のヴェネツィアでもっとも重要な絵画であったが、ジェンティーレのローマでの壁画と同じく残念ながらすべて失われてしまった。記録によれば、細部描写が際立ち、装飾的ながらも自然らしさを印象づけるものだったようだ。それまで静的な祈念画しか見られなかったヴェネツィアの大画面絵画において、大規模な説話表現が登場したことの影響は大きかった。

ジェンティーレはヴェネツィアの教会のために祭壇画も描いたが、この国際ゴシック様式の両巨匠によって、一五世紀初頭

3-2　アントニオ・ヴィヴァリーニ，ジョヴァンニ・ダレマーニャ《四大教父の三連祭壇画》1444 年，アカデミア美術館

にはヤコベッロ・デル・フィオーレ、その弟子のミケーレ・ジャンボーノといった画家たちが国際ゴシック様式の影響を示す優美な作品を描いた。両者とも《聖母戴冠》を描いたが、いずれもドゥカーレ宮殿の大評議会室の壁画の図像を伝えている。天使や聖人たちがそれぞれの区画に座り、あたかも天上界の曼荼羅のようになっている。また、ヤコベッロ・デル・フィオーレの《正義の三連祭壇画》(3-1)は一四二一年にドゥカーレ宮殿の司法長官室のために制作したもので、ジェンティーレ・ダ・ファブリアーノの優雅な女性表現に近い。大天使ミカエルとガブリエルにはさまれて、天秤と剣を持つ正義の擬人像がヴェネツィアの象徴であるライオンを従えている。

一五世紀前半、フィレンツェの重要な美術家がヴェネツィアや近郊のパドヴァに来て制作した。一四二五年から三一年にはパオロ・ウッチェロが来てサン・マルコ大聖堂のファサードのために聖ペテロを表すモザイクの下絵を制作したが、このモザイクは現存していない。一四四二年にはアンドレア・デル・カスターニョが来てサン・マルコ大聖堂マスコリ礼拝堂のモザイク《聖母の死》の下絵を制作し、さらにサン・ザッカリーア聖堂サンタラージョ礼拝堂(3-4)を装飾している。彼らによって、正確な遠近法による三次元空間の構成と彫塑的な人物表現といったトスカーナの新様式がヴェネツィアに伝えられた。

ヴィヴァリーニ一族

ムラーノ島出身のアントニオ・ヴィヴァリーニも、これと拮抗する大工房を構え、義弟のジョヴァンニ・ダレマーニャや弟のバルトロメオ、息子のアルヴィーゼとともに金で豪華に装飾された多翼祭壇画を量産してヴェネツィアとその植民地に送りだした。

アカデミア美術館には、アントニオ・ヴィヴァリーニが一四四四年に共作者のジョヴァンニ・ダレマーニャと描いた《四大教父の三連祭壇画》(3-2)がある。これはもともとサンタ・マリア・デラ・カリタ大同信会館接待の間(サラ・デッラルベルゴ)を飾っており、中央画面に玉座の聖母、左右の画面に四大教父がいる大きな祭壇画である。

アカデミア美術館はヴェネツィアでもっとも重要で最大の美術館である。大運河にかかるリアルト橋と並ぶ大きな橋、アカデミア橋のたもとにあり、一四世紀から一八世紀にいたるヴェネツィア絵画の流れを見ることができる。元来は一二世紀に創設されたサンタ・マリア・デラ・カリタ修道院と同名の大同信会(慈悲の聖母大同信会)が入っていた施設。一七五〇年に創設された美術アカデミーが入り、一七六五年に改築されたが、一八〇七年に美術館が設置された。美術館はアカデミーの学生への教育と、ナポレオン時代に閉鎖された教会や修道院の宝物を保管するという目的で作られ、一八一七年から一般に公開された。一九世紀のあいだに展示面積が拡張され、入口に新古典主義風のファサードが加えられた。

3-3　サン・ザッカリーア聖堂

サン・ザッカリーア聖堂(3-3)は、サン・マルコ広場にも近く、かつてはヴェネツィアでもっとも有力な女子修道院に隣接する教会であった。重要な貴族の子女しか入会できず、政府と強いつながりをもっていた。年に一度の創立記念日、後

3-4　サン・ザッカリーア聖堂サンタラージョ礼拝堂

に復活祭の際に元首が訪問し、修道女たちと豪華な食事をとった。当初の教会には九から一〇世紀の八人の元首が埋葬されていた。ゴシック式の聖堂を一五世紀末にアントニオ・ガンベッロが改築したが、一四八一年にガンベッロが没した時はおそらく一階部分しか完成しておらず、一四八三年にこれを引き継いだマウロ・コドゥッシは上層をルネサンス様式のファサードとし、一五一五年に完成させた。したがって、下部は控えめなスケールでルネサンスの幾何学的なデザインが見られるものの、上層部は大きく単純な半円形を大胆に組み合わせた堂々たるファサードになっている。ファサードの頂上にはアレッサンドロ・ヴィットリアによる彫像《聖ザカリア》が立つ。

内部は完全にゴシック式であり、内陣には放射状祭室があるヴェネツィア唯一の教会である。

付随したサンタラージョ礼拝堂（3-4）には、古いゴシック教会の空間が残っている。ヴォールト天井は、前述のようにカスターニョが描いた聖人像がある。父なる神を中心にした聖ルカや聖ヨハネなど諸聖人の立像は、衣文の明暗のはっきりした堅固な人物像であり、ヴェネツィアの夢見るようなゴシック的人物像とはっきり異なっていた。カスターニョは、フィレンツェのサンタポローニア聖堂の《最後の晩餐》に見られるように、硬質な線描と彫塑的な形体を組み合わせた鬼才であった。厳しい顔貌表現や衣文の強い明暗表現はゴシック美術とは一線を画すものであり、このモザイクはトスカーナ的な合理的な三次元表現をヴェネツィアに初めて導入したものであった。

この天井画の下には、アントニオ・ヴィヴァリーニがジョヴァンニ・ダレマーニャと共同で制作した《ロザリオ祭壇画》という多翼祭壇画がある。修道院長エレーナ・フォスカリが注文したもので、黄金に輝く聖母子のパネルを中心に、聖人たちのパネルや彫像を配した一五世紀の典型的な祭壇画である。ヴィヴァリーニ工房の始祖アントニオ・ヴィヴァリーニと優れた共作者ジョヴァンニ・ダレマーニャによる画面で、見事な彫刻はルドヴィコ・ダ・フォルリの手によるもの。鍍金《ときん》したゴシック式の木彫の額縁は、一五世紀のヴェネツィアで大流行したもので、ヴィヴァリーニ工房は複数の画家や彫刻家、指物師を擁し、こうした祭壇画を量産した。礼拝

3-5　バルトロメオ・ヴィヴァリーニ《慈悲の聖母の三連祭壇画》1473年，サンタ・マリア・フォルモーザ聖堂

堂の左右にも類似した多翼祭壇画がある。右側には《聖サビーナ祭壇画》、左には《キリスト復活祭壇画》があり、いずれもアントニオ・ヴィヴァリーニとジョヴァンニ・ダレマーニャの一四四三年の制作。後者は復活のキリストとピエタの木彫彫刻を中心とし、絵画と彫刻が融合している。

この礼拝堂では、こうした工芸的で典型的なゴシック祭壇画と、天井の厳格なルネサンス的な人物像が不協和音を奏でているが、これがまさに一五世紀前半のヴェネツィア美術の状況であった。

アントニオ・ヴィヴァリーニの弟バルトロメオ・ヴィヴァリーニは、兄の確立したゴシック式の多翼祭壇画を、マンテーニャの影響によってルネサンス風に改変したが、ベッリーニより古様で、明確な線描とともに鮮やかな色彩が自己主張し、三画面を統一する光や空間上の工夫は見られない。一四七三年のサンタ・マリア・フォルモーザ聖堂の《慈悲の聖母の三連祭壇画》(3-5)でもフィレンツェ派的な簡素な空間を表現している。

サンタ・マリア・グロリオーサ・デイ・フラーリ聖堂の内陣の左側にあるコルネール礼拝堂には、バルトロメオ・ヴィヴァリーニの《聖マルコ祭壇画》(一四七四年)があり、内陣右のベルナルド礼拝堂にもこの少し後のバルトロメオ・ヴィヴァリーニによる多翼祭壇画(一四八七年)がある。ベッリーニの《フラーリの祭壇画》(3-15)と同じく額縁は簡素なものとなり、主題もベッリーニ同様、聖母子の画面を中心に、聖人を二人ずつ左右の画面に配したものである。

3-6　アルヴィーゼ・ヴィヴァリーニ《聖アンブロシウス祭壇画》1503 年，サンタ・マリア・グロリオーサ・デイ・フラーリ聖堂

内陣左のミラノ人同信会によるミラネーゼ礼拝堂には、アントニオ・ヴィヴァリーニの息子でバルトロメオの甥であったアルヴィーゼ・ヴィヴァリーニが弟子のマル

コ・バザーティとともに描いた《聖アンブロシウス祭壇画》（3-6）がある。大きな空間にミラノの守護聖人である聖アンブロシウスを中心とした諸聖人を配したもので、画面を囲む半円形が画面内でも二度繰り返され、奥行きをもった明快な空間構成を示している。しかし人物表現はベッリーニのそれよりも硬直しており、光の効果も十分ではない。

アルヴィーゼは、アントネッロ・ダ・メッシーナやジョヴァンニ・ベッリーニの新様式に反応したが、やはり父や叔父の固い線描様式から脱することができなかった。一五世紀のヴェネツィア画壇をベッリーニ一族と二分したヴィヴァリーニ工房はこうして衰微していったのである。

ヴィヴァリーニ工房出身のカルロ・クリヴェッリは、金箔を多用した装飾的な画風を発展させた個性的な画家であったが、姦淫罪で禁錮刑に処せられてヴェネツィアを追われ、ダルマチア地方やマルケ地方を放浪して制作した。金工細工のようなゴシック的な装飾美と細部描写を強調するその作風は地方で愛好され、弟ヴィットーレに継承された。

ベッリーニ一族

ジェンティーレ・ダ・ファブリアーノの弟子であったヤコポ・ベッリーニは、その後一世紀にわたってヴェネツィア絵画を牽引する工房を構えた。ヤコポの作品はほとんど残っていないが、ヴェネツィアにはアカデミア美術館に二点の聖母子像がある(3-7)。パリとロンドンにある二冊の素描帳は、この画家が遠近法を研究し、好奇心と探求心に富んだ優れた画家だったことをうかがわせる(3-8)。この素描帳を遺贈された息子ジェンティーレとジョヴァンニのベッリーニ兄弟にその特質は継承された。

一四四〇年代からヴェネツィアはトスカーナの新様式に反応し、ようやく一四六〇年代にジョヴァンニ・ベッリーニによってヴェネツィアのルネサンス絵画が確立したとされる。彼は世紀をまたいで活躍し、ヴェネツィアをイタリア有数の絵画の中心地に押し上げた。

ジョヴァンニの兄ジェンティーレ・ベッリーニは、ヴェネツィア共和国の公式画家(センサリーア)として公的な肖像画や記録画を制作。一四七九年、オスマン帝国の要請によりヴェネツィア共和国の文化使節としてコンスタンティノープルの宮廷に派遣されて滞在し、ビザンツ帝国を滅ぼした征服王メフメト二世の肖像も描いている。彼は、ドゥカーレ宮殿や同信会館に説話画の大画面を描いたが、その様式は古様であった。彼らの妹ニコロジアと結婚したパドヴァの画家アンドレア・マンテーニャの厳格な人物造形や三次元表現は、初期のジョヴァンニに影響を与えた。マンテーニャの晩年の傑作《聖セバスティアヌス》(3-9)は、カ・ドーロ内に

(上右)3-7　ヤコポ・ベッリーニ《聖母子》1455年頃，アカデミア美術館

(上左)3-8　ヤコポ・ベッリーニ《キリストの笞打ち》1450年頃，ルーヴル美術館

3-9　アンドレア・マンテーニャ《聖セバスティアヌス》1497年，カ・ドーロ

3-10　ジェンティーレ・ベッリーニ《サン・マルコ広場における聖十字架の行列》1496年，アカデミア美術館

展示されている。

ジェンティーレ・ベッリーニの大作《サン・マルコ広場における聖十字架の行列》(3-10)は、一四四四年の聖マルコの祝日、サン・マルコ広場で聖遺物の聖十字架を奉じる行列を描いたもの。福音書記者聖ヨハネ同信会館の接待の間を飾っていた八点のうちの一点。最盛期のヴェネツィアの華やかな宗教行事が克明に記録されている。画家ウッチェロも手がけたモザイクが見出せるかつてのサン・マルコ大聖堂のファサードが興味深い。

同じ連作の一点、ジェンティーレの《聖十字架の奇跡》(3-11)は、サン・ロレンツォ聖堂に運ぶ途中、運河に落としてしまった聖遺物の十字架を同信会長であり元首にもなったアンドレア・ヴェンドラミンが自ら飛び込んで救い出したという事件を描いている。やは

3-11　ジェンティーレ・ベッリーニ《聖十字架の奇跡》1500年，アカデミア美術館

り往時のにぎわいを彷彿させるが、濃い緑色の運河の色合いは現在のそれとまったく同じである。画面右端にはおそるおそる飛び込もうとする痩せた黒人もおり、当時のヴェネツィアが奴隷貿易も行っていたことを想起させる。右手前に跪く人物たちは、父ヤコポ、義理の弟マンテーニャ、ジェンティーレの自画像、弟ジョヴァンニの肖像であるといわれている。

一四七五年にヴェネツィアにやって来たアントネッロ・ダ・メッシーナは、フランドル風の本格的な油彩画技法をもたらした。今は中央部分しか残っていないアントネッロの《サン・カッシアーノの祭壇画》(ウィーン、美術史美術館)は、新たなタイプの聖会話図を流行させ、ジョヴァンニ・ベッリーニはそれを発展させた。べッリーニの後期の様式をさらに推進した弟子のジョルジョーネによって、ヴェネツィア絵画は一六世紀に新たな成熟段階に達することになる。

コッレール美術館の、アントネッロ・ダ・メッシーナの《ピエタ》(3-12)は、この画家による唯一この町に遺る作品。キリストと天使の顔はほとんど削り取られてしまっているが、背後に広がる光と清澄な空気に満ちた景色は、まさに北方絵画を吸収したアントネッロのものである。右奥に見える教会は、彼の故郷シチリアのメッシーナにあるサン・フランチェスコ聖堂であるという。

3-12 アントネッロ・ダ・メッシーナ《ピエタ》1475-76年, コッレール美術館

ジョヴァンニ・ベッリーニの新様式

ジョヴァンニ・ベッリーニはアントネッロの様式を吸収し、自然主義的な細部描写や光や大気の表現に成功し、また線描が目立つ様式から色彩と色調を中心とするやわらかい様式を創出した。兄が没すると、その後を継いでヴェネツィア共和国の首席画家となって大工房を統率す

3-13　ジョヴァンニ・ベッリーニ《聖ヴィンチェンツォ・フェレール祭壇画》1465 年頃，サンティ・ジョヴァンニ・エ・パオロ聖堂

る。次に述べるような大規模な祭壇画とともに、家庭内の礼拝用に半身像の聖母子を大量に描いて人気を博した。

サンティ・ジョヴァンニ・エ・パオロ聖堂にある《聖ヴィンチェンツォ・フェレール祭壇画》（3-13）は、この画家の初期の代表作。一四世紀のスペインのドミニコ会の修道士ヴィンチェンツォ・フェレールが聖人に列せられたのを記念して作られた祭壇画で、中央にその全身像、下部のプレデッラ（裾絵）に彼が行った五つの奇跡のエピソードが描かれる。このプレデッラの多くはベッリーニの助手ラウロ・パドヴァーノの手に帰されている。フェレールを挟んで川を渡る聖クリストフォルスと聖セバスティアヌス、上部には死せるキリストを挟んで受胎告知が描かれる。人物の立体的で筋肉質の表現には、義弟マンテーニャの影響が見られる。注目すべきは人物や風景が同じ黄金色の光で照らされていることで、とくに下から光の当たった聖クリストフォルスの顔や川面に夕陽の光が反射する。この後、ジョヴァンニ・ベッリーニは、こうした暖かい光の表現をさらに発展させていく。サンティ・ジョヴァンニ・エ・パオロ聖堂にはもう一点、ジョヴァンニ・ベッリーニのもっとも重要な作品があったのだが、惜しくも一八六七年に火災で焼失してしまった。《シエナの聖カタリナ祭壇画》であり、これは聖母子の周囲に諸聖人が集っている「聖会話（サクラ・コンヴェルサツィオーネ）」という主題のもっとも早い作例であった。「聖会話」とは、聖母子を中心に聖人や天使たちが集う情景を描いた絵画のこと。元来は第2章で見たよ

3-14　ジョヴァンニ・ベッリーニ《サン・ジョッベの祭壇画》1487 年，アカデミア美術館

うな、多くのパネルが結合した多翼祭壇画が統合されて一枚の大画面(パーラ)になったもの。時代や地域を異にする聖人たちが遠近法と光によって統合された空間で会話しているように見えるため、この名称でよばれた。この後ジョヴァンニは多くの「聖会話」を制作し、それによってこの主題はヴェネツィアでもっとも人気のある祭壇画の形式となった。

サン・ジョッベ聖堂にあったジョヴァンニ・ベッリーニの《サン・ジョッベの祭壇画》(3-14)は現在アカデミア美術館に展示されているが、こうした聖会話図の典型である。

サンタ・マリア・グロリオーサ・デイ・フラーリ聖堂の聖具室には《フラーリの祭壇画》(3-15)がある。ペーザロ家の注文で制作されたこの祭壇画は、彼の得意とした聖会話図ではなく、三つの画面にわかれているが、三枚の画面は額縁の中でつながっているような統一的な空間となっている。こうした趣向は、彼の義弟マンテーニャが描いたヴェローナの《サン・ゼノの祭壇画》に由来する。全体が、ビザンツ風の金のアプスに反映する暖かい光で満たされている。

ドイツ最大の画家アルブレヒト・デューラーは、一四九四年と一五〇五年の二度ヴェネツィアを来訪したが、二度目の滞在のとき老巨匠ベッリーニに激賞されたことに感激した。デューラーの最高傑作《四人の使徒》の着想元は、この《フラーリの祭壇画》の左右の二枚の画面にほかならなかった。デューラーは一五〇五年に在住ドイツ人の同信会からヴェネツィアのドイツ人の国民教会であるサン・バルトロメオ聖堂の祭壇画を注文され、大作《ローゼンクランツフェスト（薔薇冠祝祭図）》を制作した。この作品はその後ルドルフ二世の手に渡り、損傷と修復の末、現在プラハ国立美術館にある。聖母子や奏楽天使を中心とする安定した構成はジョヴァンニ・ベッリーニの影響を示しているが、風景表現や肖像画を多く含み、現実感や動静にあふれており、ティツィアーノをはじめとするヴェネツィア一六世紀の画壇に大きな影響を及ぼした。

サン・ザッカリーア聖堂にある《サン・ザッカリーアの祭壇画》（3-16）は一連の聖会話図の最後の作品で、その集大成といえるもの。左右には風景が見えるが、これはベッリーニが聖会話図に導入した新たな要素である。聖会話といわれながら、それぞれの聖人は会話するでもなく、物思いにふけっているようだ。赤、青、黄の色彩効果がすばらしく、全体は明るい光に満ちている。祭壇の枠である柱が描き込まれ、絵を取り囲むアーチが画中で繰り返されている。それによって、教会の空間に三次元の正方形の空間ができ、そこに聖母や聖人たちが位置するかのようなイリュージョンを与える。ベッリーニの祭壇画が当初の場所にあるものは珍しく、実際の教会空間と画中空間が有機的に結合するベッリーニの工夫が見事に示されている。しかもそれは自然光に満ちた明るさをもち、それ以前の祭壇画とは一線を画している。

ヴェネツィア以外では、マルケ地方のペーザロにある《聖母の戴冠》の祭壇画（一四七一－七四

3-15　ジョヴァンニ・ベッリーニ《フラーリの祭壇画》1488 年，サンタ・マリア・グロリオーサ・デイ・フラーリ聖堂聖具室

年）には、夕暮れの光に照らされた風景が広がり、《サン・ザッカリーアの祭壇画》の先駆となっている。ベッリーニはイタリア美術史において、光に照らされた風景の美をもっとも早く表現した画家であった。ベッリーニの弟子ジョルジョーネはこうした風景や光への感性を発展させて、牧歌的な風景画の基礎を築く。

ニューヨークのフリック・コレクションにひっそりと掛かっている《聖フランチェスコの法悦》は、すでに風景画といってもよいほど見事な風景描写が全体を覆い、自然を歌った一三世紀の聖人にして詩人、アッシジの聖フランチェスコの精神に合致した絵画世界を示している。大都会ニューヨークにいながらにしてヴェネツィアの暖かい光を浴びることができる、知る人ぞ知る名作だ。

ベッリーニの絵はどれも色彩が繊細で美しく、静謐かつ上品でありながら豪華で、何度見ても飽きない。「ベッリーニ」というヴェネツィア発祥のピンク色のカクテルがあるが、それと同じようにしみじみと味わい深い。

一五世紀末から、カンヴァスに描いた油彩画がヴェネツィア絵画の主流となった。一四七四年、ドゥカーレ宮殿の大評議会室のジェンティーレ・ダ・ファブリアーノやピサネッロらが描いたフレスコが傷んできたため、順にカンヴァスの油彩画に置き換えることが決定された。この大仕事はジェンティーレ・ベッリーニに委嘱され、その後、ジョヴァンニ・ベッリーニ、ティツィアーノ、ティントレット、ヴェロネーゼら当時の主だった画家の多くがこの壁画事業に従事したが、それらが完成した直後、一五七七年の火災ですべて

3-16　ジョヴァンニ・ベッリーニ《サン・ザッカリーアの祭壇画》1505 年，サン・ザッカリーア聖堂

3-17　チーマ・ダ・コネリアーノ《洗礼者ヨハネと諸聖人》1491-92年，マドンナ・デッロルト聖堂

焼失してしまった。ヴェネツィア・ルネサンス美術の記念碑的な大作群を焼失させたこの火災は、ヴェネツィア美術史上もっとも甚大なダメージといってよく、その損失は惜しまれてならない。

カンヴァスは、大造船所を擁して帆布の需要の高いヴェネツィアでは容易に調達できた。一六世紀に驚異的な量の壁画を描いたティントレットのほとんどの画面は、カンヴァスが壁面に貼り付けられたものである。湿気の高いヴェネツィアではフレスコ（漆喰が乾かぬうちに水溶性の絵具ですばやく描く壁画）は不適であったとされるが、必ずしもそうでないことは、一八世紀にフレスコ壁画が大流行することからもわかる。

チーマ・ダ・コネリアーノ

世紀の変わり目には、ジョヴァンニ・ベッリーニの新様式が流行した。チーマ・ダ・コネリアーノはアルヴィーゼ・ヴィヴァリーニの下で学び、ジョヴァンニ・ベッリーニの強い影響を受け、暖かい光に満ちた素朴な宗教画を描いた。故郷コネリアーノを中心として、一四九〇年代に本土の諸都市に多くの祭壇画を制作した。マドンナ・デッロルト聖堂の《洗礼者ヨハネと諸聖人》(3-17)では、廃墟のような建築空間が登場するが、背景に広がる風景や草木の細部描写がこの画家の特質をよく表している。

サン・ジョヴァンニ・イン・ブラーゴラ聖堂の《キリストの洗礼》(一四九三―九四年)では、背景にさらに広大な風景が広がっており、ジョヴァンニ・ベッリーニ以上に自然主義的な風景描写が見られるが、人物の堂々とした存在感も保たれており、記念碑的な祭壇画となっている。

カルパッチョの説話画

ベッリーニ工房から出たカルパッチョは、大規模な説話表現を継承し、様々な同信会のために説話的な作品を描いたが、それは全盛期のヴェネツィアの活況を今に伝える華麗な風俗絵巻となっている。

カルパッチョの代表作《聖ウルスラ伝》の九点の連作は、アカデミア美術館の目玉となってい

3-18　カルパッチョ《イングランド使節の到着》1496-98 年，アカデミア美術館

る大作群で、もともとは聖ウルスラ同信会館の壁面を飾っていた。聖ウルスラ同信会は一三〇〇年に設立され、サンティ・ジョヴァンニ・エ・パオロ聖堂の南側に隣接する建物に本拠をおいていた。一四八八年、この同信会は『聖ウルスラ伝』の壁画で飾ることを決定し、カルパッチョに依頼した。彼は一五〇〇年ころまでこの連作にとりくむ。ブルターニュ(ブリタニア)の王女ウルスラは、異教徒のイングランド王と婚約するに際し、一万一〇〇〇人の乙女たちとローマに巡礼に行くことを条件としたが、この巡礼の帰途、ケルンでフン族に全員が殺害されたという伝説である。伝説であるにもかかわらず、当時のヴェネツィアの町並みや人々の様子が生き生きと描かれ、一五世紀後半のヴェネツィアの活気を今に伝えてくれる。

《イングランド使節の到着》(3-18)では、画面は三つの部分に分けられ、中央の場面でイングランド使節がブルターニュ王に謁見している。右の場面はウルスラの寝室で、彼女は父王に対し、指を折って結婚の条件を数えている。左の場面は物語と関係のない人物たちだが、左端に立つのは寄進者のピエトロ・ロレダンである。多くの人物が思い思いの方向を見ており、中景は犬や小人《こびと》など、物語に関係のない現実的なモチーフで埋め尽くされている。カルパッチョの特質は、物語を説得力をもって示すのではなく、それと関係のない細部を生き生きと表現して、絵の隅々まで見る者を喜ばせることにあった。

同じアカデミア美術館には、福音書記者聖ヨハネ同信会館を飾っていたカルパッチョの《リアルト橋の奇跡》（本章扉）もある。これは、グラード総大司教フランチェスコ・クエリーニが、リアルト橋近くの宮殿で、聖十字架の聖遺物を用いて悪魔に憑かれた男を治癒した話を描いたもの。治癒の場面は画面左の建物の開廊で行われているが、それ以外には、リアルト橋周辺のにぎわいが活写されている。一二世紀半ばはね橋として作られ、一五二四年に倒壊した木造のリアルト橋や、画面右に見える一五〇五年の火災前のドイツ人商館やカ・ダ・モストといった正確な実景は、歴史資料としても貴重であり、今もヴェネツィアで見られる逆紡錘形の煙突が林立し、屋上のテラスであるアルターナや干した洗濯物といった細部も克明に描写されている。ジェンティーレ・ベッリーニの類似作品よりも活気や動きがあり、とくに様々な姿態でゴンド

3-19　スキアヴォーニ同信会館内部

ラをあやつる若者たちの姿がリズミカルに表され、一八世紀のヴェドゥータ（都市景観画）の先駆となっている。

スキアヴォーニ同信会館の壁画（3-19）はカルパッチョの壁画で唯一、当初の空間に残るもの。スキアヴォーニというのは東アドリア海のダルマチア出身のスラヴ人のことで、彼らはヴェネツィアで船員や職人となり、一四五一年に同郷者による同信会の設立を許可された。会館内部は、ダルマチア地方に縁のある聖ゲオルギウス、聖トリフォニウス、聖ヒエロニムスという三人の守護聖人のエピソードが描かれた壁画で覆われている。

左側最初の壁の《竜を退治する聖ゲオルギウス》は、聖ヒエロニムス伝の最初の場面で、横長の画面を生かした単純な構図ながら、竜の犠牲となって地面に散らばる不気味な死体や髑髏《どくろ》、背後は舞台となったリビアのシレナの風景であるはずだが、空想的な建築や丘陵が興味深い。この絵と向かいあう右側手前の壁面には、聖ヒエロニムス伝の最後の情景である《聖アウグスティヌスの幻視》である。同じ学者聖人で聖ヒエロニムスの盟友であった聖アウグスティヌスが、聖ヒエロニムスが亡くなったとき、書斎でその声を聞いたという珍しい主題である。机に向かって書きものをしている聖アウグスティヌスが、ふと顔を上げて、光の差す方を見ている。周囲には、多くの書物や文具があり、当時のヴェネツィアの人文主義者の理想的な書斎が克明に描写されている。画面左の床にちょこんと座るマルチーズ犬がかわいらしい。

コッレール美術館にあるカルパッチョの《二人の婦人》(一四九〇―九五年頃)は、かつてラスキンによってコルティジャーナ(高級娼婦)だとされ、《二人の娼婦》として親しまれてきたが、ロサンゼルスにある《潟での狩猟》がこの絵の上半分であること、描かれた紋章がヴェネツィアのプレーリ家のものだと判明したため、アルターナ(屋上のテラス)で狩猟に出た夫の帰りを待つプレーリ家の夫人だとされた。しかし、うつろな目をした二人の婦人はカルパッチョのほかの作品の登場人物と同じく、どこか非現実的である。

カルパッチョの作品は、全盛期のヴェネツィアの活況を今に伝える華麗な風俗絵巻であり、主題と関係なく豊富に描写された細部は、実際に絵の前に立って隅々まで見ると、思わぬ喜びをもたらしてくれる。こうした細部描写に加え、正確な光の描写は、ピエロ・デラ・フランチェスカやアントネッロ・ダ・メッシーナの芸術からの影響をうかがわせる。しかし、はっきりとした線描によっておとぎ話風の物語を描くカルパッチョの作風は、この時期には時代遅れのものとなっていたのである。

ボン親子

彫刻と建築においては、一四〇二年にナンニ・ディ・バルトロ、一四二四年にギベルティ、一四三三年にミケロッツォ、一四三七年にアルベルティといったトスカーナの巨匠たちが来ている。一四四三年から五四年、ドナテッロがパドヴァに滞在して多くの作品を制作したことはヴェネツィアに大きな影響を与えた。もっとも一五世紀半ばまでのヴェネツィア彫刻の中心的存在は、ゴシック様式のダレ・マゼーニェ兄弟であった。彼らは前述のサン・マルコ大聖堂内のイコノスタシス（2-7）などを制作している。次いでヴェネツィア出身のジョヴァンニとバルトロメオのボン親子が活躍、とくにバルトロメオ・ボンは、ドゥカーレ宮殿のポルタ・デラ・カルタ（布告門）（3-26）でその力量を示した。

また彼は父のジョヴァンニとともに、カ・ドーロ（3-20）の建設にも携わった。大運河に面して建つこの華やかな邸宅は、マルコ・ダマーディオの設計により、ボン親子とロンバルディア出身のマッテオ・ラヴェルティによって、一四三四年に行政長官マリーノ・コンタリーニの邸宅として建造された。当初は全体が金箔で装飾されていたことから黄金宮殿（カ・ドーロ）とよばれた（「カ」とは、家や邸館という意味のヴェネツィア方言）。ドゥカーレ宮殿と並ぶヴェネツィアのゴシック建築の最高峰であり、やはり一階は円柱によるポルティコ（列柱廊）、二階は四つ葉模様のアーチによるロッジア（開廊）となっている。階上にはぎざぎざの切り込み装飾の鋸壁《のこかべ》（メルロ）が並ぶ。

3-20　カ・ドーロ

中庭にはバルトロメオ・ボンによって見事な装飾を施された井戸があり、内部はフランケッティ美術館として公開されている。

この豪華で瀟洒な宮殿は、一八四七年にロシア皇太子アレクサンドル・トルベツコイが購入し、彼はそれをお気に入りのイタリア人ダンサー、マリー・タリオーニに贈った。贅沢な贈りものといえよう。一八九六年、音楽家ジョヴァンニ・フランケッティ男爵の所有となり、一九一六年に彼が国に遺贈して国立の美術館となった。

ロンバルド父子のルネサンス彫刻

ようやく一四六〇年代、ヴェネツィアにアントニオ・リッツォとピエトロ・ロンバルドという、いずれもロンバルディア出身の二大巨匠によってルネサンスの古典主義が導入される。ピエトロ・ロンバルドは大工房を構え、サンタ・マリア・デイ・ミラーコリ聖堂(3-24)などを建設。息子トゥッリオとアントニオも優れた彫刻家となった。二人は古代彫刻をよく吸収し、古代風でありながら官能的な彫刻を制作した。

第2章で見たように、一三世紀にヴェネツィアにやって来た二大托鉢修道会、ドミニコ会とフランシスコ会は、一三世紀後半にあいついでゴシック様式の煉瓦作りの巨大な聖堂を建てたが、その内部には多くの墓廟が並び、ヴェネツィア彫刻史の壮大な展示場となっている。

ドミニコ会のサンティ・ジョヴァンニ・エ・パオロ聖堂の墓廟のうち、もっとも重要なのは入ってすぐ右にあるピエトロ・ロンバルド作《元首ピエトロ・モチェニーゴ墓廟》(3-21)である。中央の棺の上に立つ元首を中心に、総勢一二人の男が立ち並び、さらに上部にはキリストら三人も立つ。それ以前の墓廟では墓主は横たわる姿であるのが一般的で、こうした「総立ち」の墓廟は珍しい。海外領土の獲得に熱心であった勇猛なこの元首にふさわしい形式であったろう。この墓廟の近くには、ジョヴァンニ・ベッリーニの《聖ヴィンチェンツォ・フェレール祭壇画》(3-13)があり、そこでは三人の聖人が堂々と立っているのが印象的だが、その影響によって立像を中心にしたのではなかろうか。

3-21　ピエトロ・ロンバルド《元首ピエトロ・モチェニーゴ墓廟》1476年，サンティ・ジョヴァンニ・エ・パオロ聖堂

この元首の下で行われたスミルナの占領とキプロス島の編入の二場面が石棺の浮彫で表されている。人物を納める大小の半円のアーチが秩序とリズムを作り出し、一四世紀にトスカーナでさかんに作られたルネサンス様式の影響がはっきりうかがえる。

同じモチェニーゴ家の《元首

トンマーゾ・モチェニーゴ墓廟》がこの斜め向かいの左側廊にある。これは、一四二三年にフィレンツェ人ピエトロ・ディ・ニッコロ・ランベルティとジョヴァンニ・ディ・マルティーノ・ダ・フィエーゾレによって制作されたものだが、完全なルネサンスの形式ではなく、横たわる墓主に天蓋のかけられたゴシック風の墓廟形式のうちにドナテッロの影響を示す美徳の擬人像が組み合わせられた、いわば過渡期の様式を示している。

この教会の内陣左には、ピエトロ・ロンバルドの息子トゥッリオ・ロンバルドが一四九五年頃制作した《元首アンドレア・ヴェンドラミン墓廟》(3-22)があるが、これは完全に古代風の

3-22　トゥッリオ・ロンバルド《元首アンドレア・ヴェンドラミン墓廟》1495年頃，サンティ・ジョヴァンニ・エ・パオロ聖堂

均整のとれた形式となっている。父の作った《元首ピエトロ・モチェニーゴ墓廟》よりも単純で、荘重な凱旋門のような構成となり、墓主は横たわった姿に戻っている。左右に立つローマ風の兵士は、トゥッリオの古代趣味をよく示している。上部の半円形の浮彫には、ムラーノ島にあるジョヴァンニ・ベッリーニの《バルバリーゴ祭壇画》(1-11)のように聖母に跪拝《きはい》する元首が表されている。

また、サンティ・ジョヴァンニ・エ・パオロ聖堂に隣接するサン・マルコ大同信会館(2-12)は、現在は病院として使われている。マウロ・コドゥッシによる典型的なルネサンス様式のファサードであり、半円がリズミカルに並ぶ。この一階部分には、トゥッリオ・ロンバルドによる浮彫《アナニヤの治癒》と《アナニヤの洗礼》の浮彫(一四八七―八九年)という『聖マルコ伝』の二場面が見られる。

この聖堂の前のサンティ・ジョヴァンニ・エ・パオロ広場には、フィレンツェの画家・彫刻家アンドレア・ヴェロッキオによる《コレオーニ将軍騎馬像》(3-23)が立っている。バルトロメオ・コレオーニはベルガモ人の傭兵隊長で、一四四八年からヴェネツィア共和国のために数々の武勲をあげ、多大な貢献をした。亡くなるとき、その膨大な財産を共和国に遺贈する条件として、自分の騎馬像を「サン・マルコの前に」設置することとした。共和国政府は、サ

3-23　アンドレア・ヴェロッキオ《コレオーニ将軍騎馬像》1481-88年，サンティ・ジョヴァンニ・エ・パオロ広場

ン・マルコ広場に外国人の傭兵隊長の像を飾ることは忌避したいが、遺産は譲り受けたいため、サン・マルコ大聖堂ではなく、サン・マルコ大同信会館の前に設置することに決定した。ヴェネツィア人の貪欲さと狡猾さを示す逸話である。ヴェロッキオは技術的な困難さを克服し、一四八一年から八八年までこの巨大な騎馬像を制作し、彼の没後の九四年に鋳造されて設置された。ヴェロッキオの工房には若きレオナルド・ダ・ヴィンチがいたが、レオナルドが師にこの騎馬像の構想を示したと考える研究者もいる。

一四八一年から八九年にかけてピエトロ・ロンバルドが息子トゥッリオとアントニオの協力のもとに建設したサンタ・マリア・デイ・ミラーコリ聖堂(3-24)は、サンティ・ジョヴァンニ・エ・パオロ聖堂にほど近い場所に立つ小さな教会で、その愛らしく美しい姿から「ヴェネツィアの宝石箱」と言われる。奇跡を起こすといわれた聖母のイコンを納めるために、建設された。赤や緑の色大理石を組み合わせ、半円アーチや付柱といったルネサンス建築の造形要素が装飾的な効果を上げている。

内部も、ピンク、グレー、白、銀といった貴重な多色大理石や斑岩によってタピスリーのように装飾されている。ここに用いられた大理石はサン・マルコ大聖堂に用いられたものの余りものであるともいわれている。一身廊式で、内陣の床がもちあげられ、あちこちに細かく彫刻がほどこされている。天井は一五二八年、ピエール・マリア・ペンナッキらによる五〇人の預言者の肖像画の入った格天井画が作られたが、肖像画も完全に装飾的な効果のうちに埋没しているようだ。外部と内部の印象が完全に一致し、全体が洗練された美的感覚で統一されたルネサンス建築の最高傑作である。

3-24　ロンバルド父子, サンタ・マリア・デイ・ミラーコリ聖堂

ヴェネツィア彫刻の巨匠アントニオ・リッツォ

ロンバルド父子のライバルとして一五世紀のヴェネツィア彫刻最大の巨匠となったのがアントニオ・リッツォである。彼はヴェローナ出身で、一四八三年にはヴェネツィア

建築総監督（プロト）に就任し、ドゥカーレ宮殿内のフォスカリ門を飾るブロンズ像《アダム》と《エヴァ》（3-30）や《巨人の階段》（3-29）を制作、本格的なルネサンス様式を導入した。

しかし、一四九八年、突然、背任横領の罪で解任され、ヴェネツィアを追放される。彼に嫉妬した者による陰謀であったろうか。その地位はライバルのピエトロ・ロンバルドに渡った。ロンバルドの様式は息子トゥッリオとアントニオに継承され、発展する。そして一五世紀初頭にヴェネツィア建築総監督となったサンソヴィーノによって本格的な一六世紀のルネサンスが開花するのである。

フランシスコ会のサンタ・マリア・グロリオーサ・デイ・フラーリ聖堂の内陣の主祭壇である有名なティツィアーノの《聖母被昇天》（4-10）の右には、《元首フランチェスコ・フォスカリ墓廟》（一四五七年）、左には《元首ニッコロ・トロン墓廟》（3-25）がそびえる。

前者の墓主フォスカリは、領土拡大の諸戦争を推進し、ヴェネツィア史上もっとも重要な元首。ゴシック様式の墓廟に若干ルネサンス様式を加味したもので、横たわる遺体を四人の美徳の擬人像の女性が取り囲み、上部には復活のキリストが立つ。作者はアントニオとパオロのブレーニョ兄弟といわれてきたが、近年ニッコロ・ディ・ジョヴァンニ・フィオレンティーノであるとする説が提出された。

後者の墓主トロンはロードス島で一五年間をすごして財をなし、元首に選出されたときには二万ドゥカートの不動産と六万ドゥカートの財産を築いていた。彼は元首になる以前からこの教会内に一族の墓を注文していた。アントニオ・リッツォによる巨大な墓廟は、大きな半円形に多数の人物を配したルネサンス様式を示すヴェネツィアでもっとも重要な彫刻である。この

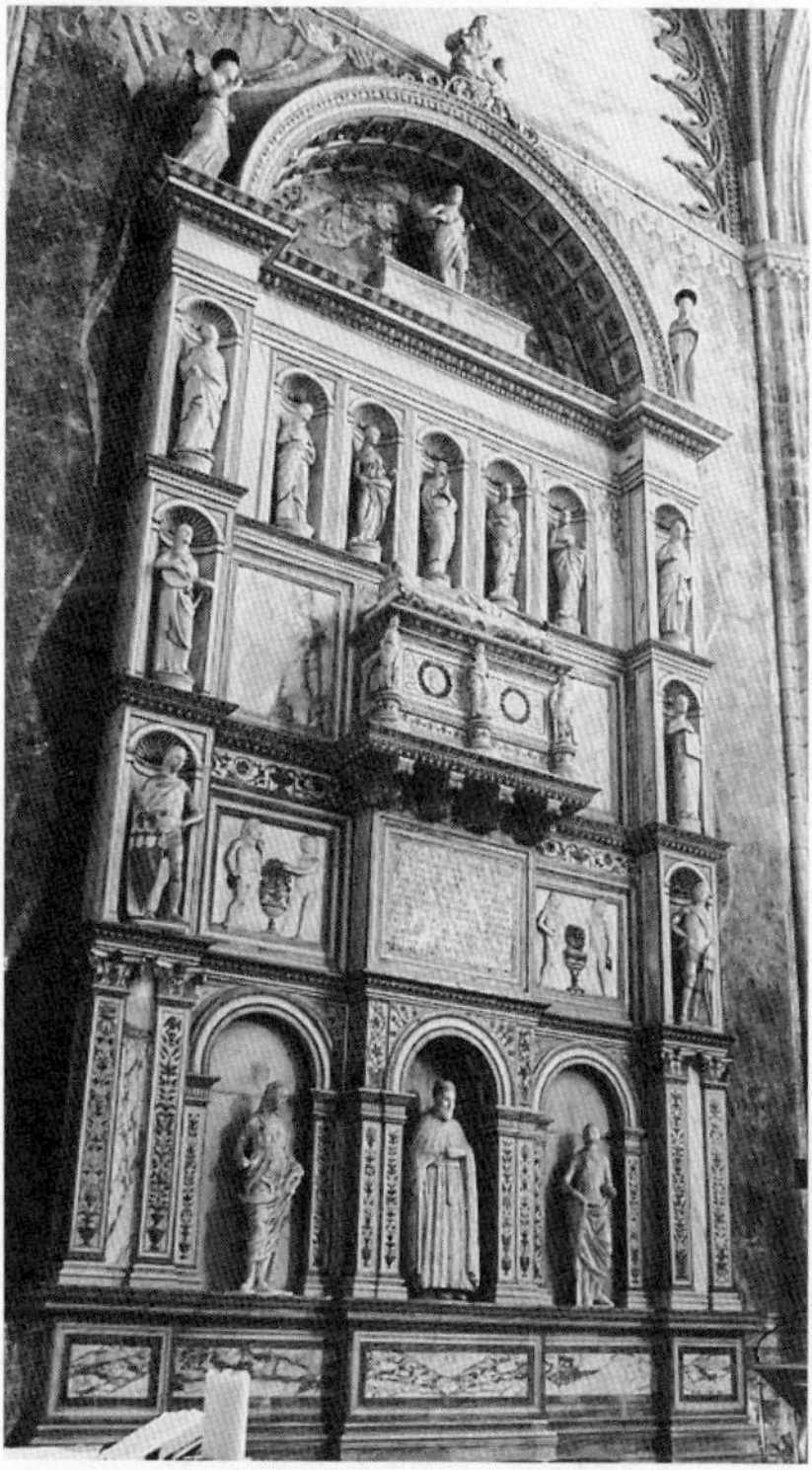

3-25 アントニオ・リッツォ《元首ニッコロ・トロン墓廟》1473年, サンタ・マリア・グロリオーサ・デイ・フラーリ聖堂

墓廟は四層に分かれており、下から一層目の中央には元首が立ち、三層目には棺の上に元首が横たわる。四層目には七人の美徳の擬人像の女性が並び立つ。その上の半円アーチの中には復活するキリスト、アーチの上には父なる神がいる。水平と垂直、半円形の織りなす明快な構成のうちにゴシック的な要素は払拭され、古典主義的なルネサンスの新たな墓廟が成立したことを告げている。

この墓廟の全体の構成は、この作品の三年後に制作されたサンティ・ジョヴァンニ・エ・パオロ聖堂のピエトロ・ロンバルドによる《元首ピエトロ・モチェニーゴ墓廟》(3-21)と類似する。リッツォとロンバルドというライバル彫刻家がほぼ同時期、ヴェネツィアの二大教会内に作ったよく似た墓廟を見比べるのは興味深い。

ルネサンス建築の父コドゥッシ

マウロ・コドゥッシは、ロンバルド一家とほぼ同時代に活躍した建築家として、やはり彼らのライバルとなったが、ゴシック的要素をまったく排したルネサンス建築をヴェネツィアに大々的に導入した巨匠である。

サン・ザッカリーア聖堂(3-3)やサンタ・マリア・フォルモーザ聖堂、サン・ジョヴァンニ・クリソストモ聖堂、大運河沿いに建つヴェンドラミン・カレルジ宮やコルネール・スピネッリ宮など、トスカーナ・ルネサンス様式に基づく明快な建築を定着させた。前述のサン・マルコ大同信会館(2-12)も、マウロ・コドゥッシの傑作である。サン・マルコ広場にある時計塔も彼の手になる。また、墓地の島サン・ミケーレ島に建つサン・ミケーレ・イン・イーゾラ聖堂も、遠方からも目立つ大きな半円を組み合わせたコドゥッシならではの明快なファサードをもっている。

ドゥカーレ宮殿

サン・マルコ広場でサン・マルコ大聖堂に隣接し、海に面して建つドゥカーレ宮殿(パラッツォ・ドゥカーレ、元首宮殿)(0-2、2-1)は、ヴェネツィアの顔であるとともに、ゴシックからルネサンスのヴェネツィア美術を代表するモニュメントである。元首官邸、議事堂、内閣府、裁判所、監獄などを兼ね備え、ヴェネツィアの統治機構のすべてを含む巨大な建造物であった。八一〇年に元首の居城として建造され、当初は堅固な城塞のようであった。たびたび火災に遭ったがそのたびに再建された。一一七二年、元首セバスティアーノ・ズィアーニの下で大々的に再建され、それまでの要塞型の形態からポルティコ(列柱廊)とロッジア(開廊)を備えた開放的な邸館建築に生まれ変わった。一三四〇年から六五年の間に岸辺に向かって新しい翼が増築され、一五世紀半ばにほぼ現在の姿となった。南側を海に、西側を広場に面しており、その明るく洗練された外観は青空と青い海によく映え、ヴェネツィアの景観の要となっている。

一層目は太い柱による簡素なゴシック式アーチ、二層目はより狭い間隔に細い柱と四つ葉模様に円形装飾をもつ軽快なゴシック式のアーチがあり、三層目はピンクと白の大理石による稲妻模様の施された大きな壁面に一四の大窓とバルコニーがとりつけられている。海側の中央の大窓は、一四〇四年にダレ・マゼーニェ兄弟が制作。

一四三八年から四一年にサン・マルコ大聖堂側に、彫刻家バルトロメオ・ボンによって装飾的なポルタ・デラ・カルタ(布告門)(3-26)が作られた。中央にヴェネツィアの獅子に跪く元首フランチェスコ・フォスカリの彫像があり、周囲を四枢要徳の擬人像が取り巻くこのゴシック様式の門は、一五世紀ヴェネツィア彫刻の傑作である。一四六二年から七一年、布告門を入ったところにフォスカリ門が建造された。この門は彫刻家アントニオ・ブレーニョによる諸像によって構成されている。

再建されたドゥカーレ宮殿は、当時のイタリアの統治者の居城や市庁舎と異なり、軽やかで祝祭的であり、要塞のような重厚さはまったく見られない。そのため以後、ヴェネツィアを訪れる者に、この町が内乱とは無縁で平和が保たれていることを印象づけたのである。

宮殿の海側の角の柱には人体彫刻がついている。向かって左側、つまり広場に面した角には《アダムとエヴァ》(3-27)、右側は《ノアの泥酔》(3-28)であり、単純かつ力強い彫刻である。また広場側の二層目のアーチの中ほどには、ライオンに乗って剣を持つ女性の《ヴェネツィアの擬人像》の円形の浮彫もあるが、これらは一三四四年ころに彫刻家フィリッポ・カレンダーリオが制作したもの。彼はドゥカーレ宮殿の首席建築家であり、海辺に面したファサードを設計したと思われているが、一三五五年に起こった元首マリーノ・ファリエールの乱に連座して処刑された。

3-26　バルトロメオ・ボン《ポルタ・デラ・カルタ(布告門)》ドゥカーレ宮殿

この反乱については詳しいことはわかっていないが、この元首が独裁権を強めて暴動を企てたというかどで拘束され、ドゥカーレ宮殿の《巨人の階段》で斬首の刑に処せられた事件である。この事件は後に様々な物語に脚色された。一八二一年、バイロンがこれに取材して長編の詩を書き、それに基づいてドニゼッティが一八三五年にオペラ「マリーノ・ファリエーロ」を作曲したほか、ドラクロワも一八二六年に元首の斬首の情景を描いている。ドゥカーレ宮殿の大評議会の間には歴代の元首の肖像画がずらりとかかっているが、ファリエールの部分は黒で塗りつぶされている。カレンダーリオはこの陰謀に加わったということで、ドゥカーレ宮殿の窓から絞首刑になった一〇名のうちの一人であった。彼は自らが作った彫刻の前に吊るされたので

3-27　フィリッポ・カレンダーリオ《アダムとエヴァ》1344 年頃, ドゥカーレ宮殿

3-28　フィリッポ・カレンダーリオ《ノアの泥酔》1344 年頃, ドゥカーレ宮殿

ある。犯罪に手を染めた芸術家は数多いが、実際に死刑になった者は数少ない。カレンダーリオはヴェネツィアのゴシック彫刻の巨匠であると同時に、その意味でも特筆すべき彫刻家だ。

ゴシック様式で建設されたこの宮殿は、一四八三年の火災の後、東の翼が再建されたが、これはルネサンス様式によるものであった。アントニオ・リッツォが担当し、ジョルジョ・スパヴェントとスカルパニーノが引き継ぎ、一五六〇年ころ完成した。一四八四年から一五〇一年

3-29 《巨人の階段》1484-1501 年，ドゥカーレ宮殿

3-30 フォスカリ門と《アダム》と《エヴァ》

3-31　ドゥカーレ宮殿「黄金の階段」

にかけて、リッツォによって《巨人の階段》ができたが、一五六七年にサンソヴィーノは階段の上に《ネプトゥルヌス》と《マルス》の巨像を設置したため、この名称となった（3-29）。リッツォはフォスカリ門に裸体像の傑作《アダム》と《エヴァ》のブロンズ像を設置した（3-30）（現在本物は建物内部に展示されている）。

サンソヴィーノは一五三〇年にきらびやかな「黄金の階段」（3-31）を作り始めたが、アレッサンドロ・ヴィットリアとジョヴァンニ・バッティスタ・フランコがそこに見事なストゥッコ装飾を施し、一五五九年にアントニオ・アッボンディオが完成させた。かつてこの階段の使用は、貴顕や賓客のみに限られていた。

ドゥカーレ宮殿を飾る壮麗な諸壁画については後に見ることにしよう。

第4章
爛熟の世紀
動乱のルネサンス　16世紀・盛期ルネサンス

ティントレット《奴隷の奇蹟》1547-48年，アカデミア美術館

戦乱の時代

一五世紀に全盛期を誇り、ルネサンス文化を開花させたヴェネツィアは、一六世紀には政治的・経済的に陰りが生じるが、文化はさらに発展し、黄金時代を迎える。とくにこの時期のヴェネツィアは、絵画のティツィアーノや建築のパラーディオのように、西洋美術史上で圧倒的な規範となる天才を生み出したのだった。アテネやフィレンツェなど、多くの都市文明では国力や経済が下火になりかかった頃に頂点を迎えるが、ヴェネツィアもその典型である。

一六世紀前半はローマで盛期ルネサンスが開花したが、イタリアでは戦乱の時代であった。一四九四年にフランス王シャルル八世がイタリアに侵攻したことにより、一連のイタリア戦争がはじまる。イタリアは、フランス、スペイン、神聖ローマ帝国など列強がしのぎを削る戦場となり、イタリア諸国や教皇庁はこれに翻弄された。最終的には、一五五九年のカトー・カンブレジの和約によってスペインがイタリアの三分の二を支配下に置くことになるが、ヴェネツィアだけは完全な独立を保ち続けるどころか、戦乱に乗じてイタリアの領土を著しく拡張するのに成功する。

これに対し、一五〇八年、フランス、神聖ローマ帝国、スペイン、教皇領、フィレンツェ、フェラーラが、対ヴェネツィアのカンブレー同盟を結成、ヴェネツィア領土の再分配を求めて戦闘を開始した。翌年のアニャデッロの戦いでヴェネツィアは大敗し、建国以来最大の危機に見舞われる。さらに一六〇六年、教皇パウルス五世はヴェネツィアに聖務停止令を出す。ヴェネツィアは持ち前の巧みな外交戦略を駆使して敵を分断し、何とか独立と領土は保ったものの、本土での発展は停滞した。

また海上交易では、新大陸への進出や喜望峰経由のインド航路を確立したスペインとポルトガルに地中海貿易の指導権を奪われる。ヴェネツィアの貿易量は四分の一に減り、ロンドンやアレクサンドリア航路が廃止された。さらに東地中海ではオスマン帝国が進出してヴェネツィアを脅かした。オスマン帝国は一四五三年にビザンツ帝国を滅ぼし、ヴェネツィアとジェノヴァの植民地を次々に征服し、一四九九年にはヴェネツィア艦隊を撃破。オスマン帝国は一六世紀初頭に勢力の頂点に達して東西にまたがる大帝国を建設した。ヴェネツィアはギリシアやダルマチアを失い、一五四〇年にはエーゲ海のすべての植民地を失い、一五七一年には、一四八八年に得た交通の要衝キプロス島が激戦の末に陥落。同年のレパントの海戦でオスマン帝国はヨーロッパ連合軍にはじめて敗北するが、地中海におけるオスマン帝国優位の大勢に影響はなかった。

さらに一五七五年から七六年にはペストが流行し、老巨匠ティツィアーノをはじめ多くのヴェネツィア人の命を奪った。一四九〇年代には有力な銀行家が次々に倒産しており、共和国の財政も度重なる戦争によって逼迫した。海上交易よりも本土からの収入に頼るようになり、それまで海外投資に奔走していた商人たちは、本土での産業に目を向けはじめた。貿易不振によって行き場を失った運用資金は、毛織物をはじめ、ガラス、レース、印刷業など各種の地場産業に投資されるようになったのである。

それまで冷静に計算し、実利のみを求めた現実的な商人たちは、貿易主体であったときの多忙さから身をひき、次第に刹那的で享楽的となった。貴族たちは大運河沿いに競って豪壮な邸宅を建て、またブレンタ川(ヴェネト平野を流れ、ヴェネツィアとパドヴァを結ぶ川)両岸のほか、ヴィチェンツァやヴェローナなど内陸部にヴィラ(別荘)を建て、それらの内部を豪華に装飾した。こうして、芸術がそれまで以上に大きな需要を得ることになったのである。美術品を取引する市場が成立し、印刷業が振興して出版社が林立し、人々の識字率も高まった。また教皇と対立していたため、一六世紀半ば以降に南欧を覆った厳しいカトリック改革運動とも距離を置くことができ、宗教的寛容と思想の自由を求めて多くの知識人や芸術家が来訪した。ビザンツ帝国の崩壊によって、当代一の知識人ベッサリオンはヴェネツィアを「第二のビザンティウム」とみなして移住。枢機卿にも任命された彼は、ギリシア語の写本を大量にヴェネツィア共和国に寄贈し、これがサン・マルコ図書館の母体となった。

また、一五二七年に神聖ローマ帝国の軍隊がローマを蹂躙《じゅうりん》した「ローマ劫掠」を逃れて、建築家のサンソヴィーノやセルリオ、文人のアレティーノらが移住したことによって、フィレンツェとローマの盛期ルネサンスの古典主義が本格的にもたらされる。

こうして一六世紀のヴェネツィアはかつてない文化の爛熟を示し、西洋一の文化レベルを誇ることになったのである。

サンソヴィーノからパラーディオへ

フィレンツェ生まれのヤコポ・サンソヴィーノは、ローマからヴェネツィアに来た一五二七年、建築家として最高の要職であるヴェネツィア建築総監督となり、以後四〇年以上にわたってその地位にあってヴェネツィアの建築と彫刻を方向付けた。その最大の功績は、傾きかけたヴェネツィアの威信を回復し、ヴェネツィアを第二のローマにしようとした元首アンドレア・グリッティの命によるサン・マルコ広場の整備であった。

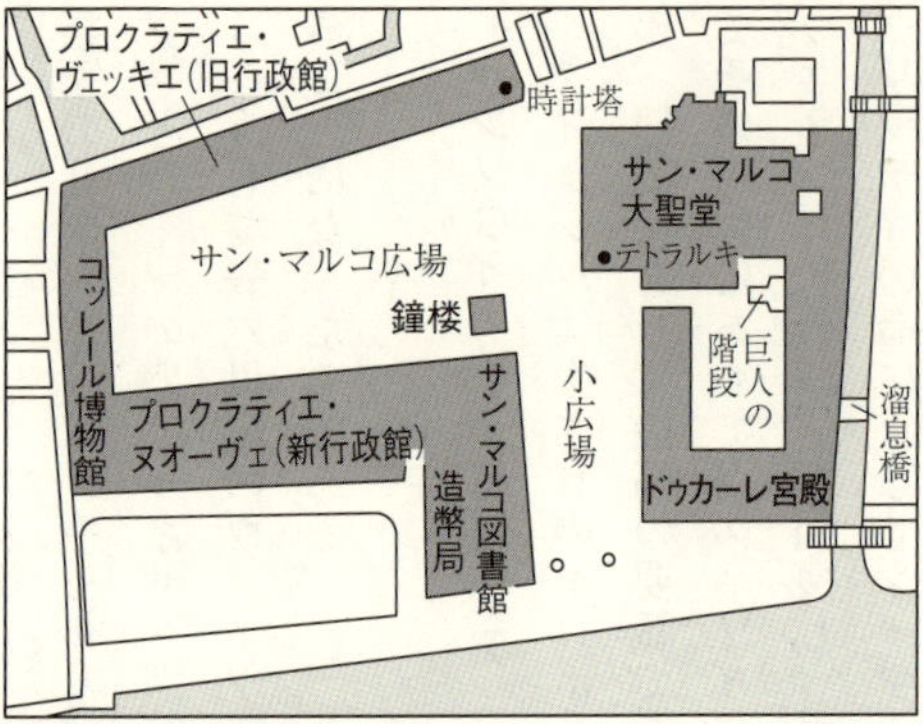

サン・マルコ広場周辺地図

ドゥカーレ宮殿とサン・マルコ大聖堂が隣接したこの広場は、九世紀からヴェネツィアの政治と宗教の中心地となっていた。海に面した小広場（ピアツェッタ）と大聖堂前の広大な広場が連結し、一一七二年には海に向かって二本の円柱が門柱のように建てられた（2-4）。この柱の間の空間は公開処刑場として、不浄の場であった。

サンソヴィーノは一五三七年から、サン・マルコ図書館、ゼッカ（造幣局）、ロジェッタ（鐘楼基部）を建設し、このサン・マルコ広場を現在見るような古典的に統一された大空間に変貌させた（4-1、4-2）。

この大事業はサンソヴィーノの没後、ヴィンチェンツォ・スカモッツィに引き継がれた。小広場と、広場北側のプロクラティエ・ヴェッキエ（旧行政館）と時計塔、プロクラティエ・ヌオーヴェ（新行政館）にはさまれた広い区画がL字形につながり、その中央に鐘楼が建つこの広場は、ナポレオン時代に突き当たりにナポレオン翼が加えられたものの、基本的に今日のような壮麗な広場となった。

一九世紀のフランスの詩人ミュッセはこの広場を、「世界の大広間」と呼んだが、つねにヴェネツィアの中心であり、世界でもっとも美しい広場であるといわれる。

サン・マルコ図書館の大広間は、一五五五年から五九年にかけて装飾されたが、天井画はサ

4-1　サン・マルコ大聖堂からサン・マルコ広場の南を望む．右がサン・マルコ図書館，左がドゥカーレ宮殿

4-2　同，サン・マルコ広場の西を望む

4-3　アンドレア・パラーディオ，サン・ジョルジョ・マッジョーレ聖堂

ンソヴィーノとティツィアーノによって選別された七人の画家が三点ずつ分担した。また、サンソヴィーノは、ロジエッタや前述のドゥカーレ宮殿の中庭の《巨人の階段》(3-29)には、端正で古典的なブロンズ像を設置している。一五三五年にヴェローナから来たミケーレ・サンミケーリは、リド島にあるサンタンドレア要塞やグリマーニ宮に、堅固で力強い古典主義建築を示した。

パドヴァで生まれ、ローマでじっくり古代建築を学んでヴィチェンツァでデビューしたアンドレア・パラーディオは、一五七〇年にサンソヴィーノの跡を継いでヴェネツィア建築総監督となり、ブレンタ川沿いに古代建築を模したヴィラを数多く建てた。

ヴェネツィアでは、古代神殿のようなファサードをもつサン・ジョルジョ・マッジョーレ聖堂やレデントーレ聖堂を建てたが、いずれもヴェネツィアの景観の重要なメルクマールとなる。サン・マルコ沖に浮かぶサン・ジョルジョ・マッジョーレ島にはもともとベネディクト会の修道院があり、果樹園や葡萄畑があった。一五五九年からパラーディオによる修道院の改築が行われ、回廊や階段、大食堂についで新たな聖堂の建設が始まり、サン・ジョルジョ・マッジョーレ聖堂(4-3)はパラーディオ没後の一六一〇年に完成し、一七九一年に鐘楼が建てられた。パラーディオは以前の聖堂とは向きを変えてサン・マルコ沖にファサードを配し、サン・マルコ広場から海ごしにその外観が眺められるようにした。イストリア産の白大理石でできたファサードは、横長と縦長のふたつの古代神殿の形態を重ねあわせる画期的なものとなっており、コリント式(アカンサスの葉を模した柱頭をもつ古代建築の代表的な列柱様式)の付柱の支える横長の部分に対し、中央部分の四本のコンポジット式(コリント式のアカンサス文とイオニア式の渦巻き文を合わせた柱頭をもつ列柱様式)の円柱は台座によって高く上げられている(ただし、パラーディオの当初の図面にはこの台座はなかった)。遠方から望むと、破風のふたつの三角形とその上に位置するドームの半円形によって堂々たる完璧な古典的形態をなしていることがわかる。

4-4　パラーディオ，レデントーレ聖堂

パラーディオは、ふたつの三角屋根(ペディメント)を重ね合わせるこうしたファサードを、これ以前にもサン・フランチェスコ・デラ・ヴィーニャ聖堂でも試みており、レデントーレ聖堂(4-4)ではより発展させて複雑なものとしている。この聖堂は、一五七五年から翌年にかけて流行し、ヴェネツィアの人口の三分の一を奪ったペストからの解放を記念して建設されたものである。パラーディオはファサードいっぱいに古代風のペディメントを配し、さらに巨大なドームを載せた。これと同じ幅で、エルサレム神殿を象徴する一五段の階段を設置した。単廊式の内部は非常に明るく、サン・ジョルジョ・マッジョーレ聖堂と同様、外光によって空間の壮大さを演出している。

彼が一五七〇年にヴェネツィアで出版した『建築四書』は古典主義建築のバイブルとなり、その影響力はイタリアのみならず、パラーディアニズムとしてイギリスなど外国で長く継続した。彼の傑作はヴェネツィアからも遠くないヴィチェンツァに多い。町の中心にあるバシリカことパラッツォ・デラ・ラジョーネや、現在ヴィチェンツァ市立美術館となっているキエリカーティ宮などであり、その郊外にはパラーディオのヴィラ建築の最高傑作であるヴィラ・ロトンダ(一五六六—八五年)がある。四角形のプランに四つのイオニア式のプロナオスを持つこの建築は、理想的な古典主義の究極の形である。

サン・ジョルジョ・マッジョーレ聖堂やヴィラ・ロトンダなど、パラーディオが手がけた仕事は弟子のヴィンチェンツォ・スカモッツィによって完成された。スカモッツィは、サン・マルコ広場の新行政館を設計するにあたり、サンソヴィーノによるサン・マルコ図書館と調和させてサン・マルコ広場に見事な一体性を与えた。また、彼が設計したヴェネツィアのサン・ニッコロ・ダ・トレンティーノ聖堂は、堂々たる新古典主義のファサードを見せている。

4-5　リアルト橋

4-6　溜息橋

リアルト橋と溜息橋

この時代に現在の状態に建て替えられたのがリアルト橋（4-5）である。水の都ヴェネツィアには無数の橋があり、少し歩けば必ず橋をわたることになる。ただ、ヴェネツィアを東西に二分する大運河（カナル・グランデ）には、長らく中央のリアルト橋しかなかった。リアルト橋周辺は商業の中心地であり、商工の取引所、魚・肉・野菜の市場、陸の税関などがひしめき、ヴェネツィアでもっとも活気ある一角であった。

一二世紀半ばに作られたこの橋は、カルパッチョの《リアルト橋の奇跡》（第3章扉）に描かれたように木造のはね橋であったが、一五二四年に倒壊した。新たに石造の橋を架けることに決定したが、そのデザインはなかなか決まらず、サンソヴィーノ、パラーディオ、スカモッツィといった地元の重鎮たちや、ミケランジェロ、ヴィニョーラといった錚々たるローマの巨匠たちもデザインを提出した。

しかし、最終的に選ばれたのは無名のヴェネツィア人アントニオ・ダ・ポンテの案であった。彼が甥のアントニオ・コンティーニの協力を得て、一五八八年から九一年にかけて建造した新たな橋は、長さ二八メートル、橋の上には一二のアーチがつき、二列の店舗が並ぶ。アーチの下にはヴェネツィアの守護聖人、聖マルコおよび聖テオドルスと、ヴェネツィア建国の日にちなむ受胎告知の浮彫が施されている。ヴェネツィアという祝祭都市を象徴する華やかさをもつこの橋は、水上の凱旋門といってよい。

これとは逆に、ヴェネツィアの陰の側面を示すのが溜息橋(4-6)である。ドゥカーレ宮殿内にはふたつの悪名高い牢獄があった。屋根裏にある蒸し暑い「鉛(ピオンビ)」と、地下にある湿気の高い「井戸(ポッツィ)」である(前者からは一七五六年にカサノヴァが脱獄に成功した)。これらが一杯になり、一五八九年から一六一四年にかけて、運河を挟んだ東側に新たな監獄が建設された。設計は、リアルト橋の作者アントニオ・ダ・ポンテとザマリア・デ・ピオンビ、そしてザッカリア・プリアーニである。プリアーニは終身刑で服役していた男であったが、この功により自宅謹慎に減刑されたという。

そして一六〇二年、ドゥカーレ宮殿と新牢獄をつなぐ橋が、ダ・ポンテの甥アントニオ・コンティーニによって作られた。大理石で覆われた橋の内部には二つの通路があり、ドゥカーレ宮殿内の法廷と二つの牢獄に通じていた。囚人が護送される際に一瞬、外の景色を見てため息をついたであろうということから、一八世紀末以降、溜息橋とよばれるようになった。

第2章でも述べたように、ヴェネツィアは、強力な権限を持つ十人委員会をトップとする公安組織が高度に発達した恐るべき警察国家でもあった。政府は犯罪や陰謀に苛烈な態度で臨み、スパイや密告が横行し、拷問や秘密裏の処刑も一般的であった。平和と独立を保つために必要であったといわれるが、旅行者にさえその恐怖は共有されていた。溜息橋はそんなヴェネツィアの暗部を想起させずにはいない。

レオナルドの来訪

絵画は、この時期のヴェネツィアが誇った最大の芸術であった。一五〇〇年、レオナルド・ダ・ヴィンチがヴェネツィアを訪れて短期間滞在した。彼がヴェネツィアで制作したかどうか不明だが、レオナルド流のスフマート、つまり線を用いずにやわらかい陰影で奥行きを表現する方法は、ジョヴァンニ・ベッリーニの開発した色彩中心の様式とともに、ヴェネツィア絵画に新たな段階をもたらした。

レオナルドがヴェネツィアに来たのは、彼が仕えていたミラノ公国がフランスの軍門に下ったためであり、彼はフィレンツェに帰る途中、平和なヴェネツィアに立ち寄ったのである。レオナルドの事績はヴェネツィアに残っていないが、その少し前に来たアントネッロ・ダ・メッシーナとともに、彼の来訪はヴェネツィア絵画を豊かなものにするのに寄与したと思われる。レオナルドは、身体をねじってこちらを見る人物の表現を得意とし、《岩窟の聖母》の左にいる天使のほか、《白貂を抱く婦人(チェチリア・ガッレラーニの肖像)》などに見られる。ヴェネツィアに滞在したレオナルドは、動きを導入したこうした肖像画の形式をヴェネツィアにもたらした。この「肩越しの肖像」は、ジョルジョーネに模倣され、さらにティツィアーノ、パルマ・イル・ヴェッキオ、セバスティアーノ・デル・ピオンボらに継承されたのである。

謎の天才ジョルジョーネ

ジョルジョーネ(一四七六/七八―一五一〇)の生涯もその作品同様謎に包まれている。ヴェネツィア近郊のカステルフランコに生まれ、ジョヴァンニ・ベッリーニに師事したとされるが、レオナルドの影響を受け、輪郭線をぼかして大気の雰囲気を表す絵画的な様式、つまりスフマートを開拓した。それを用いて、大気に溶け込むような色彩の諧調と光の精妙な表現を展開したのである。これ以降、ヴェネツィア派は、フィレンツェ派の線描に対して色彩を重視する様式とし

4-7 ジョルジョーネ《カステルフランコ祭壇画》1505年頃 カステルフランコ・ヴェネト大聖堂

て歩み始める。

ジョルジョーネは、一五一〇年に三〇代で夭折したため、その作品はほとんど残っていない。ヴェネツィア近郊の彼の故郷カステルフランコ・ヴェネトの大聖堂には、初期の祭壇画(4-7)が残っている。ジョヴァンニ・ベッリーニ風の聖会話図だが、暖かい色彩、憂いを含んだような人物の表情、豊かな自然の描写などに、すでにジョルジョーネの特質がよく表れている。

ジョルジョーネの弟弟子であったティツィアーノは、ジョルジョーネの遺した未完成作品を完成させつつ、ベッリーニ一族の説話表現やジョルジョーネの色彩効果などを貪欲に吸収する。

ジョルジョーネとティツィアーノがその存在を知らしめたのは、ドイツ人商館外壁のフレスコ壁画によってであった。この建物は一四七八年に火災で焼失し、一五〇五年から〇八年にかけて再建された(2-11)。運河側の壁面にジョルジョーネが描いた壁画を見たヴァザーリは、あちこちに男女が気ままなポーズをしているのみで、主題がわからないと記しているが、主題や説話性よりも雰囲気を重んじるのが、ジョルジョーネの特質であった。一方のカッレ(道)に面した壁面には、ティツィアーノが正義の擬人像やプットー(幼童)などを描いた。これらは一八世紀までにほとんど失われたが、ジョルジョーネによるヌードの立像などいくつかの断片がカ・ドーロのフランケッティ美術館に展示されている。

ジョルジョーネは、牧歌的な自然に人物が憩う詩情豊かな作品を生み出して風景画への道を切り開いた。光にあふれた自然の表現は、ジョヴァンニ・ベッリーニやチーマ・ダ・コネリアーノの作品にも見られるが、ジョルジョーネはそれらに見られた明確な主題を排除し、風景が中心となるような作品を創造した。当時イタリアではヤコポ・サンナザーロの「アルカディア」やピエトロ・ベンボの「アゾラーニ」といった田園詩が流行していたが、ジョルジョーネはこうした詩に登場する牧歌的で理想的な田園を表現したのである。ルーヴル美術館にある《田園の奏楽》はその典型だが、これは彼の没後に弟弟子のティツィアーノが完成させたものだと思われている。彼が創出した理想的な田園風俗画はその後ヴェネツィアの伝統として定着した。

またジョルジョーネは、一五〇〇年にヴェネツィアに滞在したレオナルドの影響を受け、輪郭線をぼかして大気の雰囲気を表す絵画的な様式を開拓した。有名な収集家でありパトロンであったマントヴァのイザベラ・デステは、一五一〇年、ヴェネツィアのある商人への手紙で、ジョルジョーネの「大変美しくて類のない夜の絵」を入手したいと書いている。その絵は残っていないが、おそらく降誕のような特定の主題をもたない、あるいは判別できない夜景画であったと思われる。また、ヴェネツィアの美術愛好家マルカントニオ・ミキエルが『美術品消

4-8　ジョルジョーネ《嵐》1510年頃，アカデミア美術館

息』の中で、ジョルジョーネの描いた《月明かりの中の聖ヒエロニムス》という絵もあったと記している。名作《嵐（テンペスタ）》（4-8）には稲妻の光る嵐の空の不気味な暗さが見事に表現されているが、そのようにジョルジョーネの夜景画は、強烈な明暗対比のある夜景図ではなく、夜の暗闇を情緒的に描いたものであったと推察される。強い光や濃い影を避け、夕刻の薄暗い景色の中で輪郭がおぼろになるような夜景図であったと思われるのである。

また、一六世紀初頭のヴェネツィアにはフランドルの画家ボッスの絵が何点ももたらされ、人気を博していた。北方の写実主義の伝統を引きながら、夜の闇に怪異な悪魔や異形の動物の潜むボッスの幻想世界は、明朗なイタリアの絵画世界に闇のもつ怪しい魅力をもたらし、ジョルジョーネもその影響を受けたと考えられている。

《嵐》は、ヴェネツィアに遺るこの画家の数少ない作品のひとつだが、その主題は曖昧である。稲妻の光る嵐の空を背景に、赤子を抱く裸の女が座り、棒を持つ男が川を挟んで立っている。この絵について最初に記したマルカントニオ・ミキエルは、この絵が一五三〇年に著名な収集家であったヴェネツィア貴族ガブリエル・ヴェンドラミンの家にあったとし、「カンヴァスに嵐とジプシーと兵士が描かれた小さな風景」と記した。つまり描かれてから二〇年ほどたった時点で、すでに主題が特定されていなかったのだ。

4-9　セバスティアーノ・デル・ピオンボ《聖クリソストモ祭壇画》1510-11年，サン・ジョヴァンニ・クリソストモ聖堂

いまだ決定的な解釈は出されていないが、従来提出された解釈は、ユピテルの子バッカスの幼年時代とメルクリウス、マリアとヨセフ、楽園追放後のアダムとエヴァ、猟師イアシオンと女神ケレス、画家の自画像と家族、単なる嵐の風景画、水・土・気・火の四大元素、剛毅と慈愛の擬人像(男女)と運命(嵐)、錬金術の寓意、ヴェネツィアの対外戦争の実景など無数にある。

いずれも決定的な説得力を欠き、いまだに議論がたえない美術史上最大の問題作だ。また、X線検査の結果、男のいる川岸に裸の女性が座っているのが発見された。画家はなんらかの事情でこの女を若者に描き直したのである。さらに、画面左の建造物も後から付け加えられたことが判明した。こうしたことも一層作品の解釈を困難にさせた。ジョルジョーネは素描せずに直接カンヴァスに描いたというが、こうした描き直しから、画家が当初から特定の主題を描こうとしたかどうか疑わしい。

彼がはじめて公共の場に描いたドイツ人商館の壁画も早くから主題がわからなかったようであり、《三人の哲学者》(ウィーン、美術史美術館)も同じように主題が特定できない作品であった。ジョルジョーネの作品はほとんどが個人の注文者によるものであったが、おそらくその主題は、画家と注文者のみが知っており、画家はあえて解釈の鍵となる要素を描かなかったのだろう。それによって、知的で教養をもったジョルジョーネの絵の所有者は、世界で自分のみが絵の意味を知ることに満足を感じていたのかもしれない。

美術史家ケネス・クラークの言うように、《嵐》は「その作品の前で学者が沈黙を守るにこしたことはない作品のひとつ」であろう。いわば、ジョルジョーネは、あえて主題を特定させない詩的で瞑想的な絵画を創始したのであり、この絵も単に嵐の不気味な風景とその不穏な雰囲気を楽しめばよいのかもしれない。こうして、彼は歴史画、風俗画、肖像画といったジャンルの文脈を乗り越えたといえよう。特定の主題よりも画面全体の詩的で瞑想的な雰囲気や風景描写を重視し、線描よりも色彩の調子や明暗を強調することによって、一五世紀的な様式から一六世紀の絵画的様式に転換させたのである。抒情的な牧歌的風景を伴ったその静謐で瞑想的な作品は、後世に大きな影響を与えた。

イタリアの美術史家リオネッロ・ヴェントゥーリは、近代絵画を切り拓いた四人の巨匠の筆頭にジョルジョーネをあげ（あとの三人はカラヴァッジョ、マネ、セザンヌ）、ジョルジョーネの革新は、史上はじめて一義的な意味から解放された純粋な絵画を描いたことにあるとした。ティツィアーノとともにジョルジョーネの影響を受けたセバスティアーノ・ルチアーニ（デル・ピオンボ）は、サン・ジョヴァンニ・クリソストモ聖堂の内陣にある諸聖人を描いた祭壇画（4-9）に見られるように、ジョヴァンニ・ベッリーニ的な伝統的な祭壇画に暖かい色彩と空気の表現を特徴とするジョルジョーネの様式を導入して成功した。しかし彼は一五一一年にこの祭壇画を完成させるとすぐにローマに行き、ミケランジェロの影響下で画風を変貌させていく。

4-10　ティツィアーノ《聖母被昇天》1516-18年，サンタ・マリア・グロリオーサ・デイ・フラーリ聖堂

ヴェネツィア最大の巨匠ティツィアーノ

ヴェネツィア最大の画家ティツィアーノ・ヴェチェリオ（一四八八／九〇—一五七六）は、アルプス山脈ドロミティ山麓のピエーヴェ・ディ・カドーレに生まれ、若くしてヴェネツィアに出て、最初にジェンティーレ・ベッリーニ、次にその弟のジョヴァンニの工房で学んだ。そこで出会った兄弟子のジョルジョーネの助手となり、ドイツ人商館の壁画をともに制作。ジョルジョーネが一五一〇年に早世すると、《田園の奏楽》や《眠れるヴィーナス》といった未完成作品を完成させたと考えられている。ティツィアーノはこの先輩画家から、輪郭をぼかしたやわらかい明暗表現や暖かい色調、牧歌的な風景描写を受け継いだが、さらにそれを発展させ、自由闊達な筆使いや豊かな色彩、躍動的な人体表現によって、宗教画、神話画、肖像画などあ

らゆるジャンルでその才能を発揮した。

彼はやがてジョルジョーネやベッリーニに加え、ミケランジェロやラファエロの勇壮で古典的な様式を学び、サンタ・マリア・グロリオーサ・デイ・フラーリ聖堂の主祭壇画《聖母被昇天》を制作。それまでのヴェネツィア絵画に見られなかった大きな身振りの人物群と強烈な明暗を輝かしい色彩とともに提示したこの画期的な大作によってティツィアーノの名声は一気に確立、ジョヴァンニ・ベッリーニ没後の公式画家となり、以後半世紀以上にわたって画壇に君臨することになった。その長い画歴は、初期のジョルジョーネ風の抒情的なもの、盛期ルネサンスの影響を受けた古典的なもの、さらに凝った形態の見られるマニエリスム風のもの、そして表現主義的な晩年の様式まで、次々に変転していくが、そのいず

4-11　サンタ・マリア・グロリオーサ・デイ・フラーリ聖堂内陣

れの時期にも傑作を生み出した。

《聖母被昇天》(4-10)は、一五一六年に修道院長フラ・ジェルマーノ・ダ・カザーレによってティツィアーノに注文され、一八年五月に盛大な除幕式が行われた。高さ七メートルほどもあり、聖堂全体の要にしてヴェネツィア絵画の最高傑作である。何度訪れても、見上げるたびに新鮮な感動を与えてくれる。そのため、このフラーリ聖堂こそヴェネツィア観光の最重要スポットであることはまちがいない。

聖母マリアは死の三日後、墓を見守る弟子たちの前で昇天したと伝えられる。キリストは自らの力で昇天した(Ascension)に対し、聖母は神に引き上げられた被昇天(Assumption)であるとされる。聖母は、元来、神の子を宿した地上の人と考えられていたが、中世以来の聖母信仰にともなって、神によってその魂は天上に引き上げられ、後に天の女王として王冠を授かるとされた。この作品においても、天上で大きく腕を開いてマリアを迎えようとしている神の傍らに、王冠を捧げ持った天使が描かれており、「被昇天」に続く「聖母戴冠」の物語が示唆されている。

この主題は、聖母の無原罪信仰を推進する注文主フランシスコ会にふさわしいものであったが、これ以前は、「聖母戴冠」か「聖母の死」と被昇天とを組み合わせたものかのどちらかの図像が一般的であった。また、被昇天の聖母も玉座に座っていることが多かった。ティツィアーノ自身が、聖母が昇天する情景のみのこの図像を教会の聖職者たちに推薦したものと思われている。

内陣には左右に前述の大きな墓碑があり、ティツィアーノはそこに設置するこの大作を構想する際それを意識した（4-11）。祭壇画の額は、左横のアントニオ・リッツォの《元首ニッコロ・トロン墓廟》（3-25）と類似して両端が張り出し、上部にも類似した復活のキリスト像が立っている。画面に見られる強い上昇感も、多くの人物像の立ち並ぶこの墓碑の垂直性と呼応しているようだ。また、この画面は上部が半円形になっており、大きな円の中心に聖母の頭が来るようになっている。画面の形は、聖歌隊席の仕切り壁の入口と同一であり、入口から聖歌隊席を通してこの主祭壇を見たときに二つのアーチが重なる効果があった。上下二段に分けられた明快な構図と、鮮烈な色彩と強い明暗による画面は、遠くから見てもはっきりわかる。

内陣に近づいて見上げると、黄金に輝く天に向かって恍惚とした表情で昇って行く聖母や、大きな身振りによってそれを見送る弟子たちの力強い動作に目を奪われる。この大きな身振りや強烈な明暗、聖母の上昇感などによって、ティツィアーノの得意とするダイナミックで劇的な画面が生まれている。しかも、この動きに満ちた構図を、赤や黄金色を基調とした豊かな色

4-12　ティツィアーノ《ペーザロの祭壇画》1519-26年，サンタ・マリア・グロリオーサ・ディ・フラーリ聖堂

彩でまとめあげ、見る者を恍惚とさせる圧倒的なドラマに仕立てたのであった。

この革新的な大作によって、ティツィアーノはヴェネツィア第一の画家であるだけでなく、同時代のローマで活躍していたラファエロやミケランジェロと比肩する巨匠であることを示した。この巨匠は以後西洋最大の画家として傑作を量産し、九〇歳近い長寿の末、この作品のあるフラーリ聖堂に葬られた。

この作品の成功を機にティツィアーノに注文されたのが、同じ聖堂の左側廊にある《ペーザロの祭壇画》（4-12）である。ベッリーニの《フラーリの祭壇画》（3-15）と同じく、有力貴族ペーザロ家の注文であった。注文主はキプロス島の司教ヤコポ・ペーザロで、彼は画面左端で聖母子に向かって跪いており、画面中央の聖ペテロによって聖母に紹介されている。彼の上にはペーザロ家の紋章の入った軍旗と甲冑姿の軍人がおり、ターバンを巻いた人物もいる。これは、彼が一五〇二年にオスマン帝国と戦って功があったことを暗示する。画面右には、聖フランチェスコとパドヴァの聖アントニウスが立ち、ヤコポ・ペーザロの四人の兄弟と唯一こちらを見ている若い甥を聖母に紹介している。

4-13 サンタ・マリア・グロリオーサ・デイ・フラーリ聖堂身廊

聖母子に寄進者が跪拝する奉納画であると同時に聖母子と諸聖人を配した聖会話図であるが、同じ教会にあるパオロ・ヴェネツィアーノの《ダンドロの半円飾り》(2-14)やジョヴァンニ・ベッリーニの作品のような聖母を中心とした左右対称の構成ではなく、聖母を右の高みに置いて対角線上に人物を配した斬新な構成である。入口から堂内を進んできた観客は、左壁にこの絵が見えてくるが、まず聖母の姿が目に入る。聖母子を中央にすると、絵の正面近くに立たなければ聖母子はよく見えないが、聖母子を画面右端に置くことで、画面のかなり手前から聖母子を認めること

4-14　ヨハン・カール・ロート，ティツィアーノ《殉教者聖ペトルスの殉教》模写，サンティ・ジョヴァンニ・エ・パオロ聖堂

ができるのである。

正面に《聖母被昇天》を見て、左手の先にこの《ペーザロの祭壇画》が見える位置が、この絵の理想的な視点である。画面に登場する二本の大きな円柱は、教会内で身廊と側廊を隔てる大きな円柱と同一のものであり、絵の手前に立つと、この円柱がティツィアーノの画面内にも等間隔で続いているイリュージョンを与える（4-13）。広大な聖堂内のこうした視覚効果を追求し、画面を聖堂の現実空間に接続させようとした結果、このような斬新な対角線構図が生まれたのだ。こうした対角線構図による聖会話図は、これ以降、ヴェロネーゼをはじめ多くの画家に影響を与えることになったが、ティツィアーノのこの絵は、教会内で見てこそ生命を持つのである。

サンティ・ジョヴァンニ・エ・パオロ聖堂の左側廊の手前には、一五二六年から二九年にかけて描かれた《殉教者聖ペトルスの殉教》があったが、一七世紀後半にドイツの画家ヨハン・カール・ロートによって描かれた模写（4-14）が飾られている。劇的な人物表現はラファエロやミケランジェロの同時代の作品から想を得ており、大画面の上部を占める樹木の描写はベッリーニ以来のヴェネツィアの自然表現を大きく発展させたものであった。動的な身振りと構図によって、ヴェネツィア絵画のみならず、後のイタリア絵画にもっとも大きな影響を与えた最重要作品であったが、ベッリーニの《シエナの聖カタリナ祭壇画》とともに、一八六七年に火災で焼失してしまった。

サンタ・マリア・デラ・サルーテ聖堂の祭壇には、ティツィアーノの一五四五年の作品《聖霊降臨》がある。これは、一六五六年にサント・スピリト・イン・イーゾラ聖堂からこの聖堂に移されたティツィアーノの五点の作品のひとつ。フラーリ聖堂の《聖母被昇天》のような大きな身振りをした使徒たちの間に聖母が手を合わせている。

この聖堂の聖具室には、鮮やかな色彩による初期の《聖マルコ祭壇画》がある。一五一〇年にペストが終息したときに注文された作品で、聖マルコを囲む聖ロクス、聖セバスティアヌス、聖コスマスと聖ダミアヌスはいずれも病の守護聖人である。また同じ聖具室には、サント・スピリト聖堂から移されたティツィアーノの作品がある。天井に設置された三点《カインとアベル》、《イサクの犠牲》（4-15）、《ダヴィデとゴリアテ》はいずれも一五四二年から四四年にかけて描かれたもので、本来は一五四一年にヴェネツィアに滞在したヴァザーリに注文されたものであった。実験的といってもよいほど大胆な仰視法と大きな運動表現は、見上げるときわめて効果的である。ティツィアーノが中央イタリアのマニエリスムにもっとも近づいた時期の作品であるとされるが、この大胆な仰視法は一五三九年に没したティツィアーノ最大のライバル、ポルデノーネの得意としたものであった。

4-15　ティツィアーノ《カインとアベル》(上),《イサクの犠牲》(下)1542-44 年,サンタ・マリア・デラ・サルーテ聖堂

4-16　ティツィアーノ《聖愛と俗愛》1514年，ローマ，ボルゲーゼ美術館

ティツィアーノは三〇歳頃から死ぬまで、長い画家人生のほとんどをヴェネツィア共和国の公式画家として過ごしたが、フェラーラやマントヴァの宮廷やローマの教皇庁のためにも制作した。その名声はヨーロッパ中に広がり、一五三〇年にはヨーロッパにおける最大の権力者であった神聖ローマ皇帝カール五世の庇護を受け、以後、カール五世やその息子のスペイン王フェリペ二世のために「ポエジア」とよばれる神話主題の傑作群を残している。膨大な注文をこなすために大工房を構え、晩年にその作品はますます激しく奔放な筆致を見せた。それは油彩画法の極限を追求したものであり、印象派や表現主義までを予言する実験的な技法であった。その多彩な才能と飽くなき想像力から、彼は「画家の王子」とよばれる。

肖像画においては、友人の文人アレティーノやカール五世のそれのように、モデルに似せるだけでなく、その社会的地位や権力を示す堂々たる形式を開発し、諸侯に歓迎された。また、

《ウルビーノのヴィーナス》(フィレンツェ、ウフィツィ美術館)や《ダナエ》(マドリード、プラド美術館)のような官能的なヌードは、以後長らく西洋で「横たわる裸婦」の規範となって繰り返し模倣された。また、ローマのボルゲーゼ美術館にある《聖愛と俗愛》(4-16)も名高い。

この絵では、着衣と裸体の二人の女性が横並びに配された作品で、愛の二つの面を表すという新プラトン主義的な「双子のヴィーナス」として解釈されてきた。しかしこの作品はヴェネツィア共和国の十人委員会の書記官であった貴族ニコロ・アウレリオが、ラウラ・バガロッティと結婚するときに画家に注文した祝婚画であり、着衣の女性は花嫁衣装をつけていると思われる。石棺と銀の皿の内側にはアウレリオの紋章が見られる。新婦ラウラ・バガロッティはパドヴァの貴族の女性であり、その夫と父はヴェネツィアへの反逆罪で処刑されていた。ヴェネツィアの植民地であったパドヴァの独立を企て、ヴェネツィアに反逆したというかどである。未亡人となった彼女は、父と前夫の処刑に関わった書記官との結婚を抵抗なく受け入れられたのであろうか。女性が大事に抱えている器は、無実を訴えながら拷問にかけられ、サン・マルコ広場の二本の柱の間で絞首刑になった父ベルトゥッチョ・バガロットの遺骨であり、結婚に際して父の名誉回復がなされたことを表すという説もある。いずれにせよ、この華麗な絵の背景には、当時のヴェネツィアを取り巻く血なまぐさい政治闘争があったのである。

西洋を股にかけて活躍したティツィアーノの作品は各地に送られて世界中の美術館を飾っており、ヴェネツィアにはそれほど多く遺ってはいない。しかし、ヴェネツィアの聖堂に遺された彼の作品はいずれも感動的だ。ティツィアーノといえばヴィーナスなど異教の主題を描いた官能的な作品で名高いが、ヴェネツィアの教会で彼の作品を見れば、彼の本領が精神性豊かな宗教画にこそあったことがわかるだろう。

4-17　ティツィアーノ《聖ラウレンティウスの殉教》1558年，ジェズイーティ聖堂

ジェズイーティ聖堂にある《聖ラウレンティウスの殉教》(4-17)は、松明の火と月光が処刑の情景を浮かび上がらせる劇的な夜景画である。処刑人たちが長い松明を持ち、火あぶりにされた聖ラウレンティウスが天の光に向かって手を伸ばしている。二本の松明、天の光、火あぶりの火という四つの光源が暗い情景のあちこちを照らし、殉教の激しさを効果的に示す。ティツィアーノは、一五六七年にもスペインのエル・

4-18　ティツィアーノ《受胎告知》1565 年，サン・サルヴァドール聖堂

エスコリアル修道院のために同主題の作品を描くが、そこでも天の光が月になっている以外はほぼ同じ構図を採用している。光と影の鋭い対比によって主題の劇的な効果を高めているのだ。

サン・サルヴァドール聖堂の主祭壇にはティツィアーノの《キリスト変容》(一五六〇年頃)が銀と金でできた装飾壁を覆っているが、これは八月の三日と一五日にしか公開されない。右の礼拝堂には、画家の友人サンソヴィーノによる重厚な大理石の額に入ったティツィアーノの《受胎告知》(4-18)がある。ティツィアーノ晩年特有の荒々しい表現主義的なタッチと燃えあがるような色彩によって、天が割け、まばゆい光と天使たちが降下してくる情景が捉えられている。ティントレットやグレコはこうした劇的な受胎告知をさらに推進した。威圧的な天使

4-19　ティツィアーノ《信仰に跪く元首アントニオ・グリマーニ》1555-76 年頃，ドゥカーレ宮殿

と逃げ腰の聖母の間には、夕暮れのヴェネツィアの風景が挿入されている。サンソヴィーノとティツィアーノの共通の友人であった文人アレティーノは、一五四四年にティツィアーノに宛てた有名な手紙で、大運河にかかる雲が火のような色から薔薇色にいたるまで多彩に染まっていることに感嘆し、こうした大気や自然の精髄を正確に再現できるのはティツィアーノの筆をおいてないと呼びかけているが、その言葉を想起させる。ティツィアーノ芸術が晩年に到達した前人未到の境地を示し、見るたびに心が震える傑作だ。

ドゥカーレ宮殿の「四つの扉の間」には、ティツィアーノによる大画面《信仰に跪く元首アントニオ・グリマーニ》（4-19）がある。元首になると、在職中にこうした奉納画を注文する義務があり、それはドゥカーレ宮殿に並べられた。元首やその一族が聖母や守護聖人を跪拝する横長の画面が一般的であった。しかし、度重なる火事でほとんど焼

4-20　ティツィアーノ《ピエタ》1576年，アカデミア美術館

失してしまい、第1章で見たジョヴァンニ・ベッリーニの作品（1-11）は貴重な遺例となっている。元首アントニオ・グリマーニは在職期間が短かったため、その没後の一五五五年頃に政府から画家に注文されたが、完成したのは画家の没年であった。十字架を持ち、聖杯を掲げる信仰の擬人像は、同時にヴェネツィアの擬人像でもあり、その足元にはヴェネツィアの風景が見え、傍らにはヴェネツィアの守護聖人である聖マルコがその持物のライオンとともにいる。大半は画家の工房で描かれたとはいえ、ティツィアーノらしい気宇壮大な大作である。

アカデミア美術館は、もとはサンタ・マリア・デラ・カリタ大同信会館であり、一五三四年から三八年にティツィアーノがそこに描いた《聖母の神殿奉献》が設置されている。多くの肖像画を含むこの大作のほか、この美術館には、画家の絶筆《ピエタ》（4-20）がある。巨匠が未完成で遺したものを弟子のパルマ・イル・ジョーヴァネが完成させたものであり、フラーリ聖堂の自らの墓のために描いたとされている。キリストの遺体に寄る半裸体の老人は聖ヒエロニムスで画家の自画像だと思われ、画家の恭順と悔悛が示されている。画面右端には、キリストの遺体を抱く聖母に画家と息子が跪拝する奉納画（エクス・ヴォート）が立てかけられており、自らと家族の救済を祈願している。晩年の巨匠の様式をよく表しており、輪郭線が曖昧で、もやに包まれたような表現主義的な画面となっている。

しかし、この作品はフラーリ聖堂に設置されることはなかった。フラーリ聖堂にあるティツィアーノの墓廟は、座るティツィアーノの彫像の背後に《聖母被昇天》の浮彫があるもの。老巨匠は望んでこの教会に葬られていたが、画家の記念碑を建てる動きが起こり、一七九〇年にカノーヴァに依頼されたが、共和国崩壊によってそれが中断してしまう。ようやく一八三八年にオーストリア皇帝フェルディナント一世が推進し、コンペによってルイジ・ザンドメネギの案が選ばれた。彼は二人の息子とともに一八五二年にこれを完成させた。この記念碑と向かいあう身廊の左壁にはピラミッド形のカノーヴァの墓がある。これはカノーヴァの没後、そのデザインに基づいて弟子たちが一八二七年に制作したものである。

ティツィアーノの墓廟にある巨匠の姿はあまり似てないといわれ、より似ているのは、その

4-21　アレッサンドロ・ヴィットリア《聖ヒエロニムス》1565年，サンタ・マリア・グロリオーサ・デイ・フラーリ聖堂

隣にある彫像《聖ヒエロニムス》(4-21)だといわれる。この彫刻はサンソヴィーノ門下の重要な彫刻家アレッサンドロ・ヴィットリアの代表作であり、ティツィアーノを知っていたこの彫刻家がティツィアーノへのオマージュとして似せたのだろう。

ティツィアーノの長い画歴は、初期のジョルジョーネ風の抒情的なものから盛期ルネサンスの影響を受けた古典的なもの、さらに凝った形態の見られるマニエリスム風のもの、そして表現主義的な晩年の様式まで、次々に変転していくが、そのいずれの時期にも傑作を生み出した。彼の名声はヴェネツィアを超えて西洋中に広がり、ヴェネツィアにとどまりながらも、一六世紀半ば以降は神聖ローマ皇帝カール五世やスペイン王フェリペ二世といった西洋最大の君主の宮廷画家となった。

ティツィアーノの出現によって、ヴェネツィアはローマに匹敵する美術の中心地となり、同時代のヴァザーリ、パオロ・ピーノ、ロドヴィコ・ドルチェらの批評によって、ローマの線描に対するヴェネツィアの色彩という図式が理論化された。それによって、ヴェネツィアは最優良の絵画生産地としての地位を確立し、ヴェネツィア絵画はヨーロッパの市場で尊重されて熱心に収集されるようになったのである。

4-22　パルマ・イル・ヴェッキオ《聖バルバラ祭壇画》1524-25年，サンタ・マリア・フォルモーザ聖堂

ティツィアーノの影で

ティツィアーノの同時代には、優れた画家も多くいたが、ティツィアーノの力量があまりにも甚大であったため、一六世紀半ばまではほとんど彼の独り勝ちの状態が続いた。そのため、才能がありながらもヴェネツィアを後にせ

ざるをえない画家も多かった。

ヤコポ・ネグレッティ、通称パルマ・イル・ヴェッキオのような優れた画家もいた。彼はジョルジョーネと同じく若くして没したため、作品はそれほど多くない。ティツィアーノのような独創性や力強さはないが、女性美の表現に優れ、官能的な女性像によって人気を博した。サンタ・マリア・フォルモーザ聖堂を飾る《聖バルバラ祭壇画》(4-22)は彼の代表作で、六枚のパネルから成っているが、中央の聖バルバラの姿は、鮮やかな色彩によって遠くから見ても際立っている。パルマの甥の息子であるパルマ・イル・ジョーヴァネは、一六世紀から一七世紀にかけてのヴェネツィアで大活躍する。

ジョヴァンニ・アントニオ・デ・サッキスは、フリウリ地方の故郷の名をとってポルデノーネとよばれるが、ティツィアーノのライバルとして一時期その公式画家としての地位を脅かした鬼才である。ポルデノーネは短縮法を駆使した劇的な大画面壁画を得意としたが、その力量を示す大作はヴェネツィアではなく、クレモナや故郷のフリウリ地方にしか遺っていない。クレモナ大聖堂の受難伝の壁画は、観客を巻き込む劇的な迫力に満ちており、若きカラヴァッジョにも影響したと思われる。

リアルト橋の近くにあって建物のうちに埋没しているようなサン・ジョヴァンニ・エレモジ

ナーリオ聖堂の主祭壇画は、ティツィアーノが一五四九年に描いた《施しをする聖ヨハネ》である。この聖堂のドームは、一五三一年にポルデノーネが装飾し、またこの画家の祭壇画《聖カタリナ、聖セバスティアヌス、聖ロクス》(4-23)がある。力強い人物が画面いっぱいに広がり、手前の聖セバスティアヌスは画面の丸い枠に沿って身を曲げているようである。二人のライバル対決が見られる貴重な教会だ。

4-23 ポルデノーネ《聖カタリナ，聖セバスティアヌス，聖ロクス》1535年頃，サン・ジョヴァンニ・エレモジナーリオ聖堂

放浪の天才ロレンツォ・ロット

ヴェネツィア出身のロレンツォ・ロットは、ヴェネト地方のトレヴィーゾやマルケ地方を放浪し、ベルガモで成功を収めて一五二五年ヴェネツィアに帰郷するものの、わずかな祭壇画と肖像画以外は仕事を得られず、主に地方からの注文に頼り、一五四九年にヴェネツィアを離れて貧困のうちに没した。しかし、ロットの作品はヴェネツ

4-24　ロレンツォ・ロット《聖アントニーノの施し》1542 年，サンティ・ジョヴァンニ・エ・パオロ聖堂

イアの生んだ最上の成果のひとつであり、近年ますますその評価と人気が高まっている。

　しかしその作品は、彼がもっとも長く滞在したベルガモ以外は、ヴェネト地方やマルケ地方の各地に点在しており、活動に恵まれなかったヴェネツィアの聖堂に遺るものは少ない。サンティ・ジョヴァンニ・エ・パオロ聖堂の《聖アントニーノの施し》（4-24）が注目される。画面下部には物乞いがひしめき、施しを受けようとしている。しかし、その上にいる二人の聖職者は、誰に施しを与えるべきかを吟味しており、画面右端の者には拒絶の身振りをしている。当時、ヴェネツィアでは教会や同信会が社会福祉を担っており、それはうまく機能していたが、偽乞食も多かった。この絵はこうした偽乞食を見分ける情景をとらえているのだ。

　この絵で聖職者たちのいる欄干《らんかん》には、中近東の絨毯《じゅうたん》が掛けられている。一三世紀以降、ヴェネツィアは主にオスマン帝国から絨毯を輸入してヨーロッパ中に流通させており、絨毯の交易の中心地であった。ドイツから来たデューラーも、一五〇六年にヴェネツィアで友人のために二枚の絨毯を買い求めている。そのため、ヴェネツィアの絵画には東方の絨毯がよく描かれている。宗教画においては聖母子の玉座とともに描かれたが、非常に高価で貴重な絨毯は富と豪華さの象徴であった。当時の絨毯は床に敷くのではなく、テーブルか壁に掛けるのが普通であり、ときに窓やバルコニーに掛けて華やかさを演出した。ヴェネツィアの公的な行事や祝祭のときには、サン・マルコ広場に面した建物の窓からは目もあやな絨毯が一斉に吊り下げられたという。

第3章で見たカルパッチョの《聖ウルスラ伝》でも、ウルスラが巡礼に出発する場面では、祝賀のために栈橋やバルコニーなどあちこちに絨毯が掛けられている様子が描かれている。ロットは、この絵のほかにも、肖像画にしばしば絨毯を小道具として描き込んでいる。そのため、この絵の絨毯のように、赤い地に黄色い文様があり、アラベスク文様の縁どりのある絨毯のことを「ロット絨毯」と呼ぶようになった。このタイプの絨毯は一六世紀初頭に出現し、一七世紀には消滅してしまった。ほかにもヴェネツィアの画家の名をとったものに、「ベッリーニ絨毯」や「クリヴェッリ絨毯」があるが、やはりそれぞれの画家の描いた絨毯に基づく。

絨毯は消耗品であるため、意外に現存例が少なく、製作地や製作年代を見分けるのが困難であるため、それらを分類するのに描いた画家の名が用いられているのだ。有名なのはロットと同時代のドイツの画家の名をとった「ホルバイン絨毯」で、それはさらに四種に分けられ、その第二型はロット絨毯と共通する。描かれた絨毯は、ヴェネツィアの富と東方貿易を物語っており、ヴェネツィア絵画に華やかさと東洋趣味を付与する重要なモチーフにして、ヴェネツィアにおける東西の文化交流の象徴となっているのである。

4-25　ロレンツォ・ロット《若者の肖像》1530年頃，アカデミア美術館

このほか、ヴェネツィアに遺るロットの祭壇画には、サンタ・マリア・デイ・カルミニ聖堂の《聖ニコラウスの栄光》(一五二七―二九年)があり、古刹サン・ジャコモ・デッローリオ聖堂には、内陣の中央にロット晩年の聖会話図(一五四六年)が設置されている。

アカデミア美術館にある《若者の肖像》(4-25)は、肖像画を得意としたロットの特質をよく表す。このクールな表情の青年の名前はわかっていないが、ロットは小道具によってモデルの人生や性格を示唆することが多かった。ここでは、画面左奥に狩猟の笛やリュートがあり、右上には死んだ小鳥が吊り下げられている。手前のテーブルの上には薔薇の花びらが散らばっており、開封した手紙や指輪、ショール、トカゲも見える。一説では、若者が持っている大きな本は商人の台帳であり、散った花びらは恋の終わり、トカゲは冷血で愛情に無関心なことを示す。つまり、彼は狩猟や音楽や色恋にうつつをぬかした過去を悔い改め、現在はまじめに家業の商売に精を出しているのであり、それを喜んだ彼の父親がこの絵を注文したという。別の説では、薔薇の花をまき散らすのは憂鬱に効果があるとされたことから、この青白い顔の若者は憂鬱質で神経過敏であり、トカゲのように無感動で、狩猟や音楽のような社交的な活動よりも書物に没頭する本人の性格を表しているにすぎないという。いずれにせよ、なにかわけありな青年であろうが、やはり気難しい性格だったロットならではの忘れがたい肖像画である。

バッサーノ一族

ティツィアーノが諸外国からの注文に忙殺されるようになった一六世紀後半には、多くの才能ある画家が競いあう状態となった。

ヴェネト地方の町バッサーノ・デル・グラッパの画家一族の一人ヤコポ・バッサーノは、農民の登場する田園風俗を宗教画に取り入れて特色を発揮した。バッサーノ・デル・グラッパは葡萄の皮から創られる蒸留酒のグラッパの産地として名高いが、この地にある市立美術館はバッサーノ一族の作品の宝庫である。ヴェネツィアには、ドゥカーレ宮殿にヤコポ・バッサーノの《カナンへの出発》(一五八〇年頃)があり、この画家特有の農村風俗が描かれている。また、サン・ジョルジョ・マッジョーレ聖堂には《羊飼いの礼拝》(4-26)がある。キリストが強い光を放ち、聖母と羊飼いたちを照らしている。バッサーノは田園風俗画と同時に、晩年には光と影の対比を示すこのような夜景画を多く描いており、この作品のほかにも、ピエタやキリスト嘲弄の場面を、劇的な夜景で描いたものもある。

4-26　ヤコポ・バッサーノ《羊飼いの礼拝》
サン・ジョルジョ・マッジョーレ聖堂

こうした様式はヤコポの息子たち、フランチェスコやレアンドロにも継承された。彼らはヴェネツィアに移住して公的な壁画を制作したが（4-39）、その様式はあくまで父の影響下にとどまっていた。

フランチェスコ・バッサーノは長く父と共作したが、ヴェネツィアに移住し、ドゥカーレ宮殿の天井画に《パドヴァ劫掠》という夜景画や大評議会室の壁面を飾る大作《剣の授与》（4-39）などを描いた。同じサン・ジョルジョ・マッジョーレ聖堂には、彼の弟レアンドロ・バッサーノによる《刑場にひかれる聖ルチア》がある。しかし、フランチェスコは、ティントレットやヴェロネーゼが大活躍するヴェネツィアで活路を見出せなかったせいか、一五九二年に身投げ自殺してしまった。

グレコとギリシア美術

一四五三年、コンスタンティノープルがオスマン帝国によって陥落し、ビザンツ帝国が滅亡すると、多くのギリシア人がヴェネツィアに逃亡してきた。亡命したギリシア人の中には前述のように優れた人文主義者ベッサリオンもいた。

ヴェネツィアにはギリシア人の共同体ができ、ヴェネツィア政府は一四七〇年に彼らが市内

4-27　サン・ジョルジョ・デイ・グレチ聖堂内部

でギリシア式の典礼を行うことを認める。一六世紀初頭に教皇庁とギリシア正教会は友好関係にあったが、一五一四年、教皇レオ一〇世はギリシア人たちが独自の教会を作ることを許可した。ロンバルドの設計に従って、一五三九年からヴェネツィアのギリシア人のための教会、サン・ジョルジョ・デイ・グレチ聖堂が建設され、一五七三年に完成した。完成の直前の一五七一年になって教皇は態度を変えて禁止令を出したが、ヴェネツィアにおいてそれは有効とはされず、ギリシア人は礼拝を続けることができたのだった。

　クレタのイコン画家ミハエル・ダマスキノスは一五七四年から八二年までヴェネツィアに滞在し、この教会の装飾に携わった。ダマスキノスを生んだクレタ島はヴェネツィアの植民地であったが、一六世紀に美術が隆盛する。巨匠テオファネスが活躍し、クレタ様式が東方世界の基準となっていた。この教会の内部（4-27）に入ると、ギリシア正教の聖堂に特有な黄金のイコノスタシスが目を覆う。ヴェネツィアにありながら、ビザンツ文化の名残をとどめた空間である。

サン・ジョルジョ・デイ・グレチ聖堂が建設中の一五六七年、ギリシア人ドメニコス・テオトコプロス、通称エル・グレコはクレタ島から来ていた。彼はクレタで修業し、イコン画家として独立したが、ヴェネツィアではティツィアーノ工房で修業し、ティントレットやバッサーノの劇的な様式の影響を受けた。彼が一〇年後に移ったスペインのトレドで展開した個性的な画風は、ヴェネツィア派とクレタのビザンツ様式とが融合した稀有な芸術であった。

ティントレットの大画面

ヴェネツィア生まれのティントレットは、一五四八年サン・マルコ大同信会館の大広間に描いた《奴隷の奇蹟》（本章扉）によって注目を集めた。中空を飛ぶ聖人と倒れた奴隷の二人が、別の方向から短縮法で捉えられており、劇的な構図と鮮烈な色彩、強烈な明暗や生き生きとした筆触はバロック絵画を先駆する。以後彼は力強い人物表現と強烈な明暗法によって、おびただしい作品を制作した。こうしたダイナミズムと明暗は、ティツィアーノの作品、とくに焼失した《殉教者聖ペトルスの殉教》（4-14）のような作品の影響を受けて発展させたものであった。

4-28　ティントレット《最後の審判》1560-62年，マドンナ・デッロルト聖堂

この画家もティツィアーノと同じく、晩年まで筆力が衰えなかった。ヴェネツィアでもっとも頻繁に目にする画家であり、その作風は個性的で容易に判別できる。しかし、息子や娘も画家となり、大きな工房を構えたため、工房作も多い。

マドンナ・デッロルト聖堂はティントレットの家の近くにあり、彼の菩提寺である。右側廊には《聖母の神殿奉献》（一五五二年）がある。当初はオルガンの扉絵としてふたつに分断されていた。アカデミア美術館にあるティツィアーノの同主題作品が横並びのフリーズ状の人物群像であったのに対し、円形の階段を下から見上げる奇抜な構成となっており、ティントレットがフィレンツェやローマのマニエリスムに大きな影響を受けたことを示している。

内陣の右壁には《最後の審判》（4-28）、左壁には《黄金の子牛の礼拝》というティントレットの大作がある。いずれも一五五八年から六二年に制作され、高さが一四メートルもある非常に縦長の画面である。《最後の審判》はあきらかにヴァチカンにあるミケランジェロの有名な同主題の大壁画の影響を受けているが、ミケランジェロの同主題作品に見られた伝統的な正面性に代わって、斜め奥に向かう空間に多数の人物が溶け合うように入り乱れる。画面下部では罪人を飲みこむ急流が見られ、大洪水という終末的なヴィジョンが表現されている。《黄金の子牛の礼拝》では、画面は上下に二分され、上部では十戒を受け取るモーセが光に照らされており、下部では黄金の牛の偶像を作るために牛の模型を運び、金を集めるユダヤ人たちが描かれている。

一五六二年にサン・マルコ大同信会に注文された聖マルコの遺体をめぐる奇蹟の連作は、彼の特質をよく表している。《聖マルコの遺体の救出》や《聖マルコの遺体の発見》は、聖マルコの遺体を苦心の末ヴェネツィアに運びこんだときの情景を描いたものだが、極端な遠近法によって奥に延びたサン・マルコ広場は異様な光に包まれ、空には黒々とした雲と稲妻のような光線が見える。遺体を運ぶ人物たちも強い光で照らされ、濃い明暗を作っている。そこでは自然の光も光源も関係なく、単に場面を劇的にするために強い光と影が用いられているようだ。

聖ロクス大同信会館の壁画は、彼が二〇年以上かけて取り組んだライフワークである。ここ

4-29　ティントレット《聖ロクスの栄光》(上),《磔刑》(正面)1564-65 年，聖ロクス大同信会館

で黒々としたティントレットの大画面群に圧倒されるのは、ヴェネツィア美術巡礼の第一歩であるといってよい。ヴェネツィア観光でもっとも印象的だったという感想を聞くことも多い。

　この同信会は一四七七年にペストが流行したときに、その守護聖人聖ロクスを冠して病人の看護を目的に設立され、八五年にはこの聖人の遺体が南仏からもたらされる。一五一七年、バルトロメオ・ボンによって同信会館の建設が開始され、一五二七年からアントニオ・スカルパニーノらによって二階部分と大階段が建設され、一五四九年に完成した。

　ティントレットの装飾は、一階の集会所（サラ・テレーナ）と二階の大広間（サラ・スペリオーレ）と接客の間（サラ・デッラルベルゴ）の三か所におよぶ。制作時期は三期に分かれ、まず一五六四年から六七年にかけて二階の接客の間の天井画と受難伝壁画、次に一五七六年から八一年にかけて二階の大広間の旧新約聖書の壁画と天井画、最後が一五八三年から八七年に一階の集会所の聖母伝壁画が描かれた。

4-30 聖ロクス大同信会館2階大広間，1576-81年

最初に完成したのは控えの間の天井にある《聖ロクスの栄光》(4-29)である。当初、この絵のコンペがあり、サルヴィアーティ、ズッカリ、ヴェロネーゼらとともに構想の素描が求められ、他の画家たちはみな素描を提出したのだが、ティントレットは策を講じていきなり完成作を天井に設置してしまい、これを同信会に寄贈すると申し出たため、それ以外の壁画もすべてティントレットに依頼されることになったとヴァザーリは伝えている。強引ともいえるやり方で、注文を貪欲に獲得する画家であったが、それだけの自信があったためであろう。実際彼はほかの誰よりも筆が早く、すばやい筆致で的確に対象をとらえ、動的な構図や劇的な明暗法は観客を圧倒す

る力に満ちていた。しかも《聖ロクスの栄光》は下から見上げたときにその短縮法と明暗によってきわめて効果的であったため、実際に作品を設置して判断してほしいと思ったのだろう。翌年にはティントレットはこの同信会の会員になっている。

同じ部屋の大壁画《磔刑》(4-29)は、中央の磔刑のキリストを中心に、多くの人物が織りなす激しい群像劇である。左右の二人の盗賊は、これから十字架にかけられる情景と、十字架を立てつつある情景であり、時間性を暗示する。

二階の大広間(4-30)の天井には中央に大きな画面が三点あり、奥から《マナの収集》、《青銅の蛇》、《岩から水を湧き出させるモーセ》である。これらはそれぞれ、貧者に食物を与える、病者を看護する、渇きを癒すという同信会の通常の慈善行為を表している。いずれも大胆な仰視法と強烈な明暗法によるダイナミックな構成が見る者を圧倒する。この部屋の壁画のいずれも力作で伝統図像からはみだした大胆なものが多く、《羊飼いの礼拝》では馬小屋の二階に聖母子がおり、テーブルが斜めに伸びる《最後の晩餐》では手前に男女二人の貧者が座り、同信会の救貧事業を表している。

一階の聖母伝もいずれも劇的で、不穏な雰囲気さえ漂わせる。入口近くの《受胎告知》は、廃墟にいる聖母に天の軍勢が襲いかかるようであり、聖母は身をのけぞらせて恐がっているようだ。また、壁面の隅にある縦長の《マグダラのマリア》と《エジプトのマリア》には、この世のものとは思えぬ荒涼とした風景が見られる。

聖ロクス大同信会館の隣にあるサン・ロッコ聖堂には、内陣に《病院の聖ロクス》(一五四九年)と《監獄の聖ロクス》(一五六七年)という二点のティントレットの横長の大作がある。いずれ

4-31　ティントレット《最後の晩餐》1592-94年，サン・ジョルジョ・マッジョーレ聖堂

4-32　ティントレット《マナの収集》1592-94年，サン・ジョルジョ・マッジョーレ聖堂

も、この同信会の看護活動や救貧事業を暗示している。

大運河の沖合いに建つサン・ジョルジョ・マッジョーレ聖堂の主祭壇の左右の壁面には、晩年のティントレットの大作が設置されている。右には《最後の晩餐》(4-31)、左には《マナの収集》(4-32)で、いずれもティントレットの最後の傑作である。ティントレットによる《最後の晩餐》は、ヴェネツィアでは、聖ロクス大同信会館をはじめ、サン・トロヴァーゾ聖堂、サン・ポーロ聖堂、サント・ステファノ聖堂などいたるところで見られるが、最後に描かれたこの絵がもっとも大きく劇的で、この画家の筆力が最晩年まで衰えなかったことを雄弁に示す。斜めに伸びるテーブルの中央に強い光を放つキリストが立ち、弟子たちにパンを分け与えている。「最後の晩餐」という聖書の情景であるというより、教会内で神父が行う聖餐式を重ねた、いわゆる「使徒たちへの聖体拝領」であると見ることができる。

向かいあう《マナの収集》は、「最後の晩餐」の予型としてしばしば対になる主題で、「最後の晩餐」の示す聖体、つまり永遠の食べ物に対する旧約世界の食べ物、朽ちる食べ物を表す。通常は聖ロクス大同信会館の天井画のように、天から降ってくる白いマナをユダヤ人たちが喜んで集める情景が描かれるが、ここでは、奇妙なことに地面に散らばるマナを誰も拾わず、鍛冶、行商、糸紡ぎ、洗濯といった日々の仕事にいそしんでいる。胸に手を当て、向かい側の《最後の晩餐》のほうを見つめている画面左端の女性のみが信心深いようであり、彼らと対照させられている。そのため、ここに描かれたのは、不信心なユダヤ人たちであり、さらに聖体の神性を信じない新教徒をさすともいわれてきた。だが、日々の労働と信仰とは相補うものであり、活動も瞑想もいずれも大切であるという考えから、ヴェネツィアの民衆の労働が肯定的に描かれていると見ることができよう。

また、この聖堂の内陣の右に十字架降下礼拝堂があり、そこにティントレットの一五九四年の《十字架降下》がある。ティントレットの絶筆と思われるこの作品は、ティツィアーノと同じ主題であった。

4-33　ドメニコ・ティントレット《伊東マンショ像》1585年，ミラノ，トリヴルツィオ財団

一五八六年六月二六日、日本から天正遣欧少年使節がヴェネツィアを訪問した。彼らは元首以下、国を挙げての歓待を受け、ティントレットはドゥカーレ宮殿の大評議会室で四人の等身大の肖像画を描き、そのために二〇〇〇スクードという大金が支払われたという。この肖像画は遺っていないが、最近、ティントレット家に伝来したという使節団長の伊東マ

4-34　ヴェロネーゼ《レヴィ家の饗宴》1573年，アカデミア美術館

ンショの半身肖像画（4-33）が発見された。様式から、ティントレットの息子ドメニコのものだとされたが、父の描いた公式肖像画を写したものかもしれない。いずれにせよ、日本の使節の肖像画制作にティントレットが選ばれたのは、彼が当時ヴェネツィア一の画家であったことに加え、使節の忙しいスケジュールの合間にすばやく描き上げる技術があったからであろう。少年たちは、八年にわたる旅行を終えて帰国した後、訪問地でもっとも印象に残ったのはヴェネツィアであったと答えたという。

色彩家ヴェロネーゼ

稀代のカラリスト、ヴェロネーゼはその名のとおりヴェローナで生まれ、そこで修業した。一五五五年までにヴェネツィアに移住し、ドゥカーレ宮殿の十人委員会の間を装飾。一五五六年、ティツィアーノに評価されてサン・マルコ図書館の大広間の装飾のコンペに優勝、《音楽》など三点の天井画を描く。その後は幅広く活動し、華麗な色彩と古典的な造形によって祝祭性に富んだ画面を制作した。

彼は、カルパッチョら、一五世紀のヴェネツィア絵画のもっていた祝祭性を強調し、ティツィアーノの《聖母被昇天》に見られるような華麗な色彩と古典的な造形によってそれを表現した。アカデミア美術館にある代表作《レヴィ家の饗宴》(4-34)は、聖書の世界を一六世紀のヴェネ

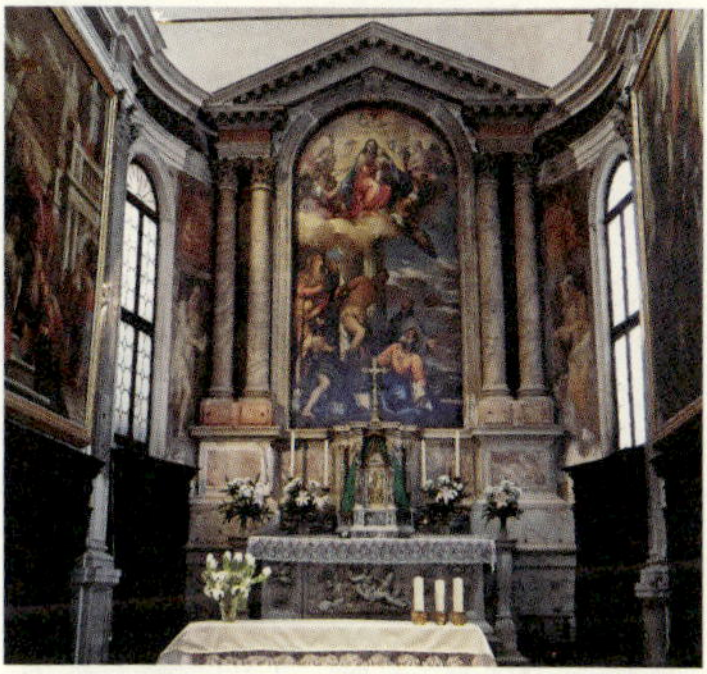

4-35　ヴェロネーゼ，サン・セバスティアーノ聖堂祭壇

4-36　ヴェロネーゼ，サン・セバスティアーノ聖堂天井画

ツィアの饗宴に置き換えた彼の典型的な宴会画である。パラーディオ風の建築的背景に、数多くの人物が登場するが、聖書の一場面であることを示唆するのは柱に囲まれた中央の部分だけである。当初は「最後の晩餐」としてサン・ジョルジョ・マッジョーレ聖堂の食堂を飾るために描かれた。一五七三年、異端審問所に喚問されて、主の晩餐にふさわしからずと非難されたが、レヴィ家の饗宴という主題に変えることにするだけで決着した。このときの異端審問官と画家との問答は名高いが、ヴェロネーゼは、画家には詩人と同じく自らの空想を表現する自由があり、とくに大画面にはそのような余地があるのだと主張した。

パリのルーヴル美術館にある大作《カナの婚礼》も、同じように宗教的主題をもちながらも、同時代の貴族の豪華な祝宴を描いたものである。彼はほかにも多くの祝宴画を描き、人気を博した。

ヴェロネーゼにとってティントレットの聖ロクス大同信会館にあたるものがサン・セバスティアーノ聖堂である(4-35)。彼は一五五五年から一〇年かけて祭壇画からフレスコ壁画、天井画まで内部装飾のほとんどを制作したが、とくにエステル伝の天井画の三点(4-36)は、仰視法による大胆な構図と鮮やかな色彩によってヴェロネーゼの特質をよく示している。最近修復が終わって、目の覚めるような鮮烈な色彩が蘇った。

また彼は、パラーディオの建てたヴェネツィア郊外のマゼールにあるヴィラ・バルバロには、だまし絵の愉快なフレスコ壁画を制作している。晩年はティントレットと同じくドゥカーレ宮殿の壁画に取り組み、大評議会室の天井画《ヴェネツィアの栄光》(4-38)のような傑作を生み出した。ヴェロネーゼの作風は、一世紀後の一八世紀にリバイバルし、ヴェネツィア最後の美を生み出す原動力となる。

ドゥカーレ宮殿の装飾事業

前に述べたように、ドゥカーレ宮殿の大評議会室にはベッリーニ兄弟ら当時の巨匠たちによる油彩壁画が制作されたが、一五七七年に焼失してしまった。その後、ティントレットとヴェロネーゼを中心に再び部屋を装飾することとなった。正面の《天国》(4-37)は当初、ヴェロネーゼがフランチェスコ・バッサーノと共同で描くことになっていたが、制作が進まず、一五八八年にヴェロネーゼが没すると、ティントレットが描くことになった。彼は、縦が七メートル、横が二四メートルのこの世界最大の油彩画を、一五八八年から九四年にかけて息子や弟子たちとともに完成させた。中央上部でキリストと冠を受けた聖母が向かいあっており、これを様々な階層の聖人や天使たちが取り囲んでいる。この壮大な天国の画面の右下に小さな入口があり、

4-37　ティントレット《天国》1588-94 年，ドゥカーレ宮殿

それは牢獄に通じていた。まさに天国の下に地獄への門があったのである。この壁画の尋常でない画面の大きさは、それが単なる装飾や芸術作品ではなく、国家の政治的機能を代弁するものであったためである。

天井にはヴェロネーゼ、ティントレット、パルマ・イル・ジョーヴァネが、ヴェネツィアの栄光と勝利を表す大きな円形の寓意画を描いた。このうちヴェロネーゼの《ヴェネツィアの栄光》(4-38)がもっとも優れており同時代人から称賛されたが、弟子を動員して制作したティントレットの天井画《ヴェネツィアへの属州の自発的な従属》(一五七八-八五年)はあきらかに見劣りする。

壁面を取り囲むのは、焼失前と同じアレクサンデル三世伝を中心とするヴェネツィアの歴史を主題とした大画面で、焼失以前の壁画連作の図様をなぞっていると思われる。アレクサンデル三世は、ヴェネツィアの斡旋で皇帝フリードリヒ一世バルバロッサと和解した教皇で、その事跡は教皇権力にも皇帝権力にも距離を置くヴェネツイアの誇りとして大評議会の間に描かれたのである。

フランチェスコ・バッサーノは《剣の授与》(4-39)を、ローマから来た巨匠フェデリコ・ズッカリは《教皇アレクサンデル三世に跪く皇帝フリードリヒ・バルバロッサ》(1-2)を描いている。ズッカリは一五六一年から六四年までヴェネツィアに滞在し、サン・フランチェスコ・

4-38　ヴェロネーゼ《ヴェネツィアの栄光》1578-85年，ドゥカーレ宮殿

4-39　フランチェスコ・バッサーノ《剣の授与》1582-87年，ドゥカーレ宮殿

4-40　カルロ・サラチェーニ《サン・マルコ大聖堂のエンリコ・ダンドロと十字軍》部分，1620年，ドゥカーレ宮殿

デラ・ヴィーニャ聖堂のグリマーニ礼拝堂に《マギの礼拝》を描き、一五八二年に再び来てこの大画面を制作した。また、一六一九年、やはりローマからやってきたカルロ・サラチェーニは、翌年、弟子のフランス人ジャン・ル・クレールとともに大作《サン・マルコ大聖堂のエンリコ・ダンドロと十字軍》(4-40)を描いた。群像構成や空間表現は見事であり、この大評議会室の壁画群の中で際立っている。ローマでカラヴァッジョの影響を受け、カラヴァッジョ派(カラヴァッジェスキ)の第一世代となったこの画家はヴェネツィア出身であり、ヴェネツィア的な豊かな色彩とローマで習得した自然主義によって故郷に錦を飾ったのであった。ヴェネツィアのコンスタンティノープル攻略の情景は、ティントレットの息子、ドメニコが描いた。一連の歴史画の上部には歴代の元首が二人ずつ描かれた横長の画面が並んでいる。

大評議会室の隣にある「投票の間」(4-41)も似たようなプログラムで装飾されており、正面にはパルマ・イル・ジョーヴァネの《最後の審判》(一五九四―九五年)、周囲の壁画はやはりヴ

4-41　ドゥカーレ宮殿「投票の間」

エネツィアの歴史画だが、より新しい時代を扱っており、アンドレア・ヴィチェンティーノによる大画面《レパントの海戦》（一五九五―一六〇五年）など、それぞれの画面も横に大きい。

ヴェネツィア美術の頂点をなす一六世紀ヴェネツィア絵画は、ジョヴァンニ・ベッリーニの暖かい光と色彩によって開幕し、ジョルジョーネの詩情豊かな様式を経て、ティツィアーノがそれにローマの力強い古典主義を融合させて超人的な高みにまで上昇させた。そして、ティントレットはティツィアーノの劇的な表現力と構成を、ヴェロネーゼはティツィアーノの華麗な色彩表現と構想力を継承して発展させたといえよう。

ヴェネツィアはそれによってローマに匹敵す

る美術の中心地となり、ローマの線描に対するヴェネツィアの色彩という図式が定着した。素描よりも色彩を重視するヴェネツィア絵画は、輪郭線と色彩が溶解するようなティツィアーノの表現主義的な晩年様式において、その極限に達している。二〇世紀アメリカの批評家クレメント・グリーンバーグは、こうしたヴェネツィア派の絵画性はその後の西洋美術に脈々と継承され、二〇世紀の抽象表現主義にいたるという系譜を示唆し、それを「ヴェネチアアン・ライン」と名付けた。その可否はともかく、ヴェネツィア絵画が、現代にいたる絵画の可能性のすべてを開示したものであったことはまちがいない。

第5章
衰退への道
バロックのヴェネツィア　17世紀・バロック

ロンゲーナ，サンタ・マリア・デラ・サルーテ聖堂，1630-87年

一七世紀の危機

一六世紀に政治経済的な凋落の傾向が始まったにもかかわらず、文化の絶頂期に達したヴェネツィアは、一七世紀にはすべてが衰退していく。一七世紀はヴェネツィア美術史にとっても一種の暗黒時代であったといってよい。

一六〇六年、ヴェネツィアは教皇パウルス五世と対立し、聖務停止令を出されるが、これを無視。従ったイエズス会はヴェネツィアから追放された。この後、「文書戦争」とよばれる神学論争を展開し、教皇庁からの独立が再確認された。

一六〇二年に発布された航海条例はヴェネツィア船の優遇措置を定めたものであったが、外国船を締め出すことになり、イギリスやオランダの船はリヴォルノに入港するようになる。また、ケープ航路によって地中海における香料貿易が衰退し、地中海ではさらにイギリス、オランダ、フランスとの競争が激化し、神聖ローマ帝国の後押しによる海賊(ウスコク)が横行した。主要な国内産業であった毛織物業や印刷業も衰弱した。また、一六一八年に始まる三十年戦争によって、ヴェネツィアと深いつながりのあったドイツの商工業が打撃を受けたこと、一六三〇年にはペストが襲い、五万人近い人口を奪ったことも、ヴェネツィア経済を衰退させた。貴族たちは海上の投資を減らしてますます本土に関心を向け、ヴェネツィア港は国際色を失って地方港に堕していった。

また、一六四五年、オスマン帝国との間にクレタ島をめぐって戦争が始まり、これが泥沼化して二〇年以上も続いた。このカンディア戦争によってヴェネツィアは、一七世紀末にやや回復するものの、ほとんどの海外植民地を失い、社会はすっかり疲弊し、その財政は危機に瀕した。共和国は戦費を賄うために、各種の税や国債に頼ったが、それまで厳しく限定していた貴族に、大金とひきかえに新たな貴族を加えることになった。彼らの多くは商人か本土からの移住者であり、こうした新興貴族が一八世紀の最後のヴェネツィア文化を支えることになる。

バロックの巨匠ロンゲーナ

一七世紀は、ローマでバロック美術が生まれ、それがフランスやスペインの絶対王政の宮廷に波及したが、ヴェネツィアにもバロックの波が押し寄せた。その最大の巨匠が建築家バルダッサーレ・ロンゲーナである。サンソヴィーノの弟子で、パラーディオの後継者であったヴィンチェンツォ・スカモッツィに学んだロンゲーナは、ヴェネツィアの伝統をたくみにバロック

5-1　サンタ・マリア・デラ・サルーテ聖堂祭壇

化するのに成功した。

サンタ・マリア・デラ・サルーテ聖堂（本章扉）がその代表作で、この記念碑的な建造物は、ヴェネツィアにおけるバロックの幕開けを告げるものとなった。一六三〇年、ペスト終息を記念して元老院が「健康の聖母（サンタ・マリア・デラ・サルーテ）」に捧げる教会を作ることになり、コンペで当時三二歳のロンゲーナの案が選ばれ、一六三一年に建設が開始し、八七年に完成した。毎年一一月二一日、船を並べた橋が大運河に架けられ、元首が行列をなして訪問した。この習慣が市民にも広がり、「サルーテの祭り」として、この日に市民たちが参詣して無病息災を祈願する。

七月の第三日曜日に行われる「レデントーレ

の祭り」では、より広いジュデッカ運河に、レデントーレ聖堂(4-4)までの船による橋が架けられ、より盛大な祝祭が行われるが、この祭りもやはり一五七六年のペスト流行の鎮静化を感謝して一五九二年に献堂されたことに由来する。

大階段の上の八角形のプランに巨大なドームが載り、内陣部にはさらにドームと二つの鐘楼が並ぶという外観は革新的であった。上部には数多くの彫像が並んでおり、ドームを支える一六個の渦巻き模様のバットレス(控壁)が際立っている。白いイストリア産大理石で作られたこの外観は聖母の被る王冠を表しているというが、青空に映える純白のこの聖堂は、まさに戴冠する玉座の聖母のような華麗な姿をしている。

5-2　ロンゲーナ，ル・クール《元首ジョヴァンニ・ペーザロ墓廟》1669年，サンタ・マリア・グロリオーサ・デイ・フラーリ聖堂

ヴェネツィアには珍しい集中式のプランをもち、八本の巨大な柱に支えられるドームのある中央の空間に

六つの礼拝堂が並び、両端が半円形となった翼廊がつく内陣がある。内部は広々として明るく、パラーディオの影響を示すように、外観の壮麗さに比べて古典的で簡素である。

内陣にある主祭壇(5-1)は、一六七〇年頃ロンゲーナが構想し、フランドル人の彫刻家ジュスト(ヨース)・ル・クールによって制作されたもの。中央のイコン《健康の聖母》は一二世紀の作品で、一六七〇年に元首フランチェスコ・モロシーニがクレタ島のカンディア大聖堂からもたらしたもので、前年まで二四年間も続いたオスマン帝国との悲惨なカンディア戦争の終結の記念品であった。このイコンを取り囲むような構成で、中央に聖母子が立ち、その傍らで松明を持った天使に駆逐されるペストの擬人像、反対側では聖母子に跪くヴェネツィアの擬人像がいる。両側にはヴェネツィアの守護聖人の聖マルコと、初代総大司教の福者ロレンツォ・ジュスティニアーニが立っている。この聖堂の外観を飾る彫刻のいくつかも制作したル・クールの代表作で、ヴェネツィア・バロックを代表する彫刻である。

この祭壇のように、ロンゲーナはル・クールとよく共作した。フラーリ聖堂の《元首ジョヴァンニ・ペーザロ墓廟》(5-2)もそうであり、元首が寄贈した巨額の経費によって制作された。黒大理石を用いた四人の巨大なムーア人のカリアティード(女性の人像柱)が印象的だ。

ロンゲーナは、大運河に面して建つカ・ペーザロやカ・レッツォーニコにおいて、邸館建築にふさわしい力強いバロック的な外観を生み出した。カ・ペーザロは、一六五九年頃にロンゲーナによって着工され、一七一〇年にアントニオ・ガスパリによって完成した。力強い切石積みや装飾によって明暗のはっきりしたファサードは力強い印象を与えている。また、ファサード下部には怪獣面、プットー、神々といった彫刻装飾が増殖するように設置され、優雅さを与えている。一八八九年にヴェネツィア市に寄贈され、現在は近代美術館と東洋美術館が入っている。ミロ、マチス、クリムトらの作品、日本や中国の古美術を見ることができる。

カ・レッツォーニコは、一六四九年にロンゲーナによって着工され、一七五六年にジョルジョ・マッサリによって完成した。一九三五年にヴェネツィア市の管轄となり、ヴェネツィア一八世紀美術館となっている。内部は一八世紀ヴェネツィア貴族の生活のありさまを伝えてくれ、とくに祝宴や舞踏会が催されていた二階の広大な舞踏用ホールは、ジョヴァンニ・バッティスタ・クロザートによる天井画をはじめ、豪華なインテリアや家具によって華やかな空間を現出している。「ブルストロンの間」の天井には、一七五八年にルドヴィコ・レッツォーニコとファウスティーナ・サヴォルニャンの婚礼を祝してティエポロが描いた寓意画がある。

ロンゲーナのバロック建築はアレッサンドロ・トレミニョンやジュゼッペ・サルディらに影響し、その仕事はアントニオ・ガスパリとジョルジョ・マッサリに引き継がれた。こうしたバ

5-3　アレッサンドロ・トレミニョン，サン・モイゼ聖堂，1682 年

ロック建築は、ヴェネツィアの景観に華やかさと力強さを与えている。

サルーテ聖堂の先、大運河の端にある海の税関、プンタ・デラ・ドガーナ(税関の岬)は、ロンゲーナやサルディも参加したコンペの勝者で、水力学の専門家でもあったジュゼッペ・ベノーネによって一六七七年から八二年にかけて建てられた。元は見張り台の塔であった。有事にはこの岬と対岸を結んで大運河を封鎖する鎖が置かれた。

塔の上にはベルナルド・ファルコーネによる彫刻がある。二人のアトラスが支える黄金の球体があり、その上にはオールを持つフォルトゥーナ(運命)の像が立つ。風向きを表すためにこのオールが風を受けて回転するようになっている。二〇〇九年、この建物の内部は、安藤忠雄の設計によって現代美術館として改装され、意欲的な現代美術の企画展の会場となっている。

バロック聖堂

サン・マルコ広場のほど近くに建ち、モーセに捧げられたサン・モイゼ聖堂(5-3)は、ヴェネツィアの代表的なバロック聖堂である。八世紀に創建され、繰り返し建て直された。一六八二年にフィーニ家が財を投じ、アレッサンドロ・トレミニョンによって現在のファサードになった。ファサードを覆う彫刻はベルニーニの弟子であったドイツ人ハインリヒ・マイリンク(エンリコ・メレンゴ)によるもの。中央入口の上に立つオベリスクには、財産を遺して亡くなったヴィンチェンツォ・フィーニの胸像が載っている。彼の遺した三〇〇〇ドゥカートがこの建設の元となっている。このほか、家族の胸像など、全体がフィーニ家や彼らの商売にまつわる記念碑と装飾で覆われている。ヴェネツィアは公共空間に個人の記念碑を飾ることは禁じられていたが、この時代には経費を負担した者が堂々と登場するようになる。フィーニ家はクレタ島出身で、一〇万ドゥカートを払って貴族となった新興貴族であった。彼らは由緒や伝統がない分、こうした装飾に熱心であり、それが成金趣味のバロック様式に結びついたのである。

サンタ・マリア・デル・ジーリオ(サンタ・マリア・ゾベニーゴ)聖堂(5-4)は、一〇世紀にゾベニーゴ家の寄進によって建てられた聖堂だが、現在の聖堂は一六七九年から八一年にジュゼッペ・サルディによって建てられ、サン・モイゼ聖堂がフィーニ家の記念碑で埋め尽くされた

5-4　ジュゼッペ・サルディ，サンタ・マリア・デル・ジーリオ聖堂，1679-81 年

ように、ファサードはバルバロ家の記念碑で埋め尽くされている。柱と壁龕《へきがん》(彫像などを設置したくぼみ)を組み合わせる三次元的なファサードであるため、サン・モイゼ聖堂よりも彫像と調和している。入口上の中央には、ジュスト・ル・クールによるダルマチア監督官アントニオ・バルバロの像が設置され、入口の左右にはハインリヒ・マイリンクによってアントニオの四人の兄弟の彫像が並んでいる。台座には上部と下部に六点ずつ浮彫が見られるが、上部は城塞都市の地図、下部は海戦が表されている。これはアントニオ・バルバロが共和国のために活躍した都市、ザーラ、カンディア、パドヴァ、ローマ、コルフ、スプリトの六都市である。アントニオ・バルバロはカンディア戦争の英雄であり、一六七八年に没するとき遺言でこのファサードのデザインを指示し、その費用として三〇〇〇ドゥカートを遺した。

バルバロ家は、サン・モイゼ聖堂のフィーニ家とちがって歴史のある名門貴族であった。しかし、この時期はかなり影響力を失い、根絶寸前であった。アントニオ・バルバロは指揮棒を握り、海軍司令官のような服装で表現されているが、実際にはそのような地位になったことはなかった。つまり、このファサードで表されたのは、新興貴族の成金趣味ではなく、没落貴族の最後の見栄であったのだ。

ここには聖母の姿すら認められず、本来は聖人や神がいるべき位置に世俗の人物が堂々と立っている。実際、同じ建築家ジュゼッペ・サルディが建てたサンタ・マリア・ディ・ナザレート(スカルツィ)聖堂のファサードは、これとほぼ同じ形態だが、アントニオのいる壁龕には聖母子、バルバロ兄弟のいる壁龕には宗教的な擬人像が立っている。特定の家族や世俗の人物を教会のファサードに堂々と飾ることは、教皇庁と距離を置いていたヴェネツィア以外ではありえない現象だが、なぜかこうした試みは同時代にもまったく非難されず、しかもアントニオ・バルバロには教区司祭がそれを勧めたという。個人がそれぞれ王のように称揚されうるが、いずれの個人も他より上ではなく、皆が王であるという、共和制の理想を示したものだという解釈がある。しかし、おそらくもっと単純な理由であろう。

サンティ・ジョヴァンニ・エ・パオロ聖堂やフラーリ聖堂の内部には名門貴族や個人の墓廟

が所狭しと並んでいた。こうした墓廟は、教会内で祭壇を圧倒するような存在感を示していたため、ヴェネツィアでは、世俗的な墓廟が宗教空間と共存することに無頓着になっていたのではなかろうか。サン・モイゼ聖堂やサンタ・マリア・デル・ジーリオ聖堂のファサードは、聖堂内にあれば不自然でない彼らの墓碑が外に出ただけのように思われる。しかも、ヴェネツィアの聖堂はしばしば建て替えられてきたことに加え、狭い都市空間に密集して建てられたため、ファサードをじっくり眺め、それを尊重する習慣が他の都市より希薄だったのではなかろうか。いずれにせよ、ヴェネツィアのバロックには、その政治体制と同じく、聖俗が融合したユニークな性格があるのだ。

奇妙な彫刻家ピアンタ

ロンゲーナが共作した彫刻家ル・クールのほか、一七世紀の彫刻家としては奇妙な木彫彫刻を作ったフランチェスコ・ピアンタがいる。聖ロクス大同信会館の二階の大広間のティントレットの壁画群の下にずらりと木製の椅子が並んでいるが、その上には奇妙な木彫の人物像が見られる。すべて一六五七年から六四年にかけてピアンタが制作した彫刻であり、美徳や悪徳、学問や芸術などを象徴する擬人像となっている。

入口を入ってすぐ右の《メルクリウス》のもつ長い巻物にその意味が詳細に記されている。目深に帽子を被った《スパイ》と目隠しをされた《好奇心》のように、その主題は独特であり、『ヒエログリフ』や『イコノロギア』といった書物に基づきつつも、独自の寓意や擬人像を創出している。《彫刻》(5-5)としてピアンタ自身、《絵画》(5-6)としてティントレットが表されている。

この異色の彫刻家は、バロック期ヴェネツィアの特筆すべき存在であり、フラーリ聖堂の聖具室には、空間恐怖のようにびっしりと人物像を詰め込み、人生の四段階を表した木彫の大時計がある。

(左)5-5　フランチェスコ・ピアンタ《彫刻》1657-64年, 聖ロクス大同信会館
(右)5-6　フランチェスコ・ピアンタ《絵画》1657-64年, 聖ロクス大同信会館

バロック絵画

一六世紀には錚々たる巨匠を生み出した絵画は、一七世紀には一転、火が消えたような寂しい状況となる。一七世紀初頭にただひとり旺盛な活動を展開したのはパルマ・イル・ジョーヴァネである。彼は

ティントレットの没後その役割を継承し、ドゥカーレ宮殿内の「投票の間」(4-41)をはじめ、ヴェネツィア中の教会で健筆をふるった。ローマでフェデリコ・ズッカリに学び、ティツィアーノ、ティントレット、ヴェロネーゼといった盛期ルネサンスのヴェネツィア絵画をよく学んで、その語彙を縦横に生かした。一五八一年に描かれたサン・ジャコモ・デッローリオ聖堂の秘跡に関する連作は、劇的な明暗と仰視法によって、ティントレットやバッサーノの最良の特質を示している。また、サンタ・マリア・グロリオーサ・デイ・フラーリ聖堂の大作《アレクサンドリアの聖カタリナの殉教》(5-7)は、ヴェロネーゼのように物語を巧みに伝える群像表現を見せている。しかし、一七世紀に入ってもそれらを折衷した様式を繰り返すのみで、時代遅れの感が否めなかった。パルマ・イル・ジョーヴァネは、ヴェネツィア美術の黄金時代を伝える最後の巨匠であり、彼のあとはしばらくこうした巨匠は出現しなかった。そのため、主な注文は、ヴェネツィア以外からやって来た画家に委ねられることになる。

一六一九年、ローマから弟子のジャン・ル・クレールを伴ってヴェネツィアに帰郷したカルロ・サラチェーニは、前章で見たように、ドゥカーレ宮殿の壁画(4-40)をはじめいくつかの作品を残したが、一六二〇年没してしまい、カラヴァッジョの自然主義は流行することなく終わった。

一七世紀前半のヴェネツィア画壇を担ったのは、ヴェネツィア人ではなく、ローマ生まれで、マントヴァの宮廷で活躍してから一六二一年に来たドメニコ・フェッティ、一六三〇年にジェノヴァから移住したベルナルド・ストロッツィ、そして一六二一年に来て一六三〇年のペストで夭折したドイツ人のヨハン・リスの三人であった。彼らは、カラヴァッジョ風の写実主義にルーベンス的な色彩と絵画性を加えた新たなバロック様式をヴェネツィアにもたらした。

5-7　パルマ・イル・ジョーヴァネ《アレクサンドリアの聖カタリナの殉教》サンタ・マリア・グロリオーサ・デイ・フラーリ聖堂

スカモッツィの設計した古典主義的なサン・ニッコロ・ダ・トレンティーノ聖堂には、パルマ・ジョーヴァネのいくつかの作品のほかに、ストロッツィの《聖ラウレンティウスの施し》(5-8)とリスの代表作《聖ヒエロニムスの幻視》(5-9)があり、いずれもルーベンスとティツィアーノの影響を消化した豊かな色彩効果と大胆な筆触によって際だっている。

ヴィチェンツァ出身のフランチェスコ・マッフェイとフィレンツェ生まれのセバスティアーノ・マッツォーニは、彼らの影響を受け、いずれも表現主義的な激しい筆触によって個性豊か

5-8　ベルナルド・ストロッツィ《聖ラウレンティウスの施し》1639-40年，サン・ニッコロ・ダ・トレンティーノ聖堂

5-9　ヨハン・リス《聖ヒエロニムスの幻視》1627年頃，サン・ニッコロ・ダ・トレンティーノ聖堂

な作品を描いた。後者は一八世紀の第二次ヴェネツィア派の創始者セバスティアーノ・リッチの師であり、大運河に面して建つモーロ・リン宮殿など、建築家としても活躍した。サン・ベネト聖堂にあるマッツォーニの《パスクアリーノ・ダニエリを聖母に紹介する聖ベネディクトゥス》(一六四八年)は、ティツィアーノやティントレットのダイナミックな構成をバロック的な明暗表現と自然主義のうちに表現したものである。

5-10 ルカ・ジョルダーノ《聖母の神殿奉献》1672-74年, サンタ・マリア・デラ・サルーテ聖堂

一六五三年、ナポリ出身のルカ・ジョルダーノがヴェネツィアに滞在したことによって、ようやくカラヴァッジョ風の明暗を強調した自然主義がもたらされた。サンタ・マリア・デラ・サルーテ聖堂の六つの礼拝堂には聖母伝の祭壇画が飾られているが、うち三点はルカ・ジョルダーノが描いたものである。右の最初の礼拝堂には《聖母の神殿奉献》(5-

5-11　ジャンバッティスタ・ランジェッティ《マグダラのマリアのいる磔刑》1670年頃，サンタ・テレサ聖堂

10)、その隣の礼拝堂には《聖母被昇天》、三番目には《聖母の誕生》がある。また、サン・ピエトロ・ディ・カステッロ聖堂のヴェンドラミン礼拝堂には、《聖母子と煉獄の魂》がある。ジョルダーノはナポリでリベラの下でカラヴァッジョ風の明暗を強調する自然主義から出発したが、ローマに出てピエトロ・ダ・コルトーナの軽やかな装飾性を習得し、ヴェネツィアでヴェロネーゼの華麗な装飾法などを学んで、後にフィレンツェやスペインでも大活躍した。

ジェノヴァ人のジャンバッティスタ・ランジェッティがジョルダーノの様式に反応し、一六五五年にヴェネツィアに移住したドイツ人画家ヨハン・カール・ロートとそのライバル、アントニオ・ザンキがこの傾向に続いた。このほか、折衷的なピエトロ・リーベリやアントニオ・ベルッチらが大画面の歴史画を制作した。

ジェノヴァ出身のランジェッティは、ローマで修業し、カラヴァッジョやリベラの自然主義と強烈な明暗法を身につけて一六五六年におそらくジョルダーノの勧めでヴェネツィアに来た。一六七〇年ころに描かれたサンタ・テレサ聖堂の《マグダラのマリアのいる磔刑》(5-11)は、一七世紀ヴェネツィアの生み出した忘れがたい名作のひとつである。

ジョヴァンニ・アントニオ・フミアーニは、一六六八年から八六年に再建されたサン・パン

5-12　ジョヴァンニ・アントニオ・フミアーニ《聖パンタルスの殉教と栄光》1680-1710 年頃，サン・パンタロン聖堂

5-13　アントニオ・バレストラ《羊飼いの礼拝》1707年頃，サン・ザッカリーア聖堂

タロン聖堂の装飾に従事し、ヴォールト天井に大天井画《聖パンタルスの殉教と栄光》(5-12)を完成させた。これはローマで一七世紀末に流行したイリュージョニスティックな天井画の典型だが、フレスコではなく油彩画であり、四〇枚のパネルからなっている。ティエポロ以前のヴェネツィアのバロック天井画の貴重な作例である。しかし、フレスコではないため、全体に暗くなってしまい、重々しい印象を与える。

一七世紀後半のヴェネツィアの主要な画家たちの大画面は、サン・ピエトロ・ディ・カステッロ聖堂とサン・ザッカリーア聖堂で多く見ることができる。サン・ザッカリーア聖堂にあるアントニオ・バレストラの《羊飼いの礼拝》(5-13)は、ヴェネツィア市民に親しまれているクリスマスカード的な作品である。ヴェローナ出身のバレストラは、ローマでカルロ・マラッタの古典主義を学び、ヴェネツィア的な豊かな色彩と融合させて、一七世紀初頭のヴェネツィア画壇に影響を与えた。

サン・ピエトロ・ディ・カステッロ聖堂は、ヴェネツィアの東のはずれにあるが、ここは一八〇七年まで司教座聖堂であった。この教会の前身は七世紀に遡り、七七五年にグラードの総大司教の下でここに司教座が置かれ、一四五一年以降は総大司教が置かれた。初代の総大司教ロレンツォ・ジュスティニアーニは聖人となり、ヴェネツィア絵画にしばしば登場する。一五九四年から九六年にパラーディオの構想に基づき、フランチェスコ・ズメラルディが建設した。同じイストリア産の大理石でできた四角形の鐘楼は一四八二年から九〇年にマウロ・コドゥッシが建設したものだが、ピサの斜塔のように傾いている。このあたりは観光客もほとんど来ない地区で自然が多く、いつも静かである。

サン・ピエトロ・ディ・カステッロ聖堂の内陣にある、グレゴリオ・ラッザリーニの《聖ロレンツォ・ジュスティニアーニの施し》(5-14)は、明るい色彩が群像構成と調和した記念碑的大作である。ラッザリーニはドゥカーレ宮殿の投票の間(4-41)にも作品を提供したが、彼の工房からは、ヴェネツィア最後の巨匠ティエポロが育つことになる。

聖ロクス大同信会館の豪華な大階段(5-15)は建築家スカルパニーノによるものだが、左右の壁面には、一六三〇年にヴェネツィアを襲ったペストの情景が描かれている。右側は一七世紀半ばのヴェネツィア画壇を代表するアントニオ・ザンキによる《ペスト退散を祈る聖ロクス》

5-14　グレゴリオ・ラッザリーニ《聖ロレンツォ・ジュスティニアーニの施し》1691年，サン・ピエトロ・ディ・カステッロ聖堂

5-15　スカルパニーノ，聖ロクス大同信会館大階段

5-16　アントニオ・ザンキ《ペスト退散を祈る聖ロクス》1666 年，聖ロクス大同信会館

（5-16）、左はザンキの弟子であったピエトロ・ネグリの《ペスト終息をヴェネツィアにもたらす聖母》（一六七三年）である。両画面とも、この会館を覆うティントレットの壁画に触発されたように、明暗を強調した劇的な大画面となっており、とくにザンキの画面の手前に描かれた、橋から小舟にペストの犠牲者の死体を放り込む情景が強烈だ。小舟には息絶えた母子が横たわっている。ザンキは、ジョルダーノやランジェッティを通してカラヴァッジョ風の劇的な明暗法を習得し、ティントレットのダイナミックな構成と融合させたのである。彼はミュンヘンにも招かれ、司教館やテアティノ聖堂にも作品を描いた。

この会館には、ティントレットも経験した一五七六年のペストと、ここにその惨状が描かれた一六三〇年のペストの双方の強烈な記憶が宿っている。二つの惨事は近世のヴェネツィア社会を襲った甚大な悲劇であり、ヴェネツィア文化の底につねに流れていた死という水脈を顕在化させた出来事である。しかし、前者の終息の際はパラーディオによるレデントーレ聖堂、後者のときはロンゲーナによるサンタ・マリア・デラ・サルーテ聖堂が建設され、ヴェネツィアの都市景観に新たな美を加え、さらにそれぞれレデントーレの祭りとサルーテの祭りという祝祭となって、忌まわしい記憶が昇華されているのである。

概して一七世紀のヴェネツィア絵画は、外から来た巨匠によって形成され、自発的な発展を示すことができなかった。ライバル都市のジェノヴァは、ルネサンスには多くの巨匠を生み出すことはなかったが、この時代、多くの優れた画家が輩出したのと対照的である。経済的な衰退やペストによってこの時代のヴェネツィア社会に活気がなかったためでもあるが、一七世紀には全ヨーロッパ的な芸術家や作品の移動が活発になり、一五、一六世紀に見られたヴェネツィア美術の一貫性と独自性がなくなってしまったのである。

ナポリ出身のルカ・ジョルダーノが、美術の中心地ローマでもフィレンツェでもマドリードでも重要な役割を果たし、ヴェネツィア画壇にも影響を与えたのは、象徴的である。ヴェネツィアも、他の都市と同じく、ヨーロッパのバロックの大きな波に飲み込まれたのである。ただ、審美眼の高いヴェネツィアの美術風土は、この時期も一流の作品を求め続けたため、たとえ外国人の作品であっても、きわめて優れた作品がそこかしこに見られる。一七世紀ヴェネツィア美術の見直しはこれから進んでいくだろう。

ヴェネツィアの女

ヴェネツィアは、景観や美術だけでなく女性が名物であった。ヴェネツィア絵画やヴェネツィアガラスと同じく、ヴェネツィア女というのは西洋中に響き渡るブランドであった。女といっても堅気ではなく、商売用の女、つまり娼婦である。

ヴェネツィア文化が最高潮を迎えた一六世紀、ヴェネツィアの人口は一七万人と過去最高に達したが(ちなみに現在はわずか九万人)、うち娼婦が一万人以上もいたという。当時の娼婦のもうひとつの中心地であったローマと同じく、男性の人口が女性のそれよりはるかに多かった。どちらの都市も、人口の一割近くが娼婦であったという。しかも、教皇庁のお膝元の宗教都市であったローマに対し、自由な空気がゆきわたっていた国際港湾都市ヴェネツィアは娼婦の楽園であった。しかもヴェネツィアでは、遺産が分散するのを避けるために結婚するのは兄弟のうち一人に限ることが多く、一六世紀には約半数の貴族が生涯独身であったという。夥しい独身者たちと船乗りたちの性的欲求のはけ口として、膨大な娼婦の需要を生み出したのである。

今でもリアルト橋近くのサン・カッシアーノ地区に「おっぱい橋（ポンテ・デレ・テッテ）」という橋があるが、この界隈は娼家が建ち並んでいたいわゆる赤線地帯であった。このような地域では、娼婦は窓辺に胸をさらし、表に足をたらしておくべし、という奇妙な条例があったという。ヴェネツィアでは男色が非常に流行していたため、人口が減少することを憂慮した政府によるもので、男色に走りがちな男性をしっかり誘惑して、自然の欲望をかきたてようとしたのである。しかも、娼家からの税は政府にとっては重要な財源であった。政府自体が娼婦たちの最大の元締めであったのだ。

娼婦も階層が分化し、富裕層と交わり、その邸宅に出入りする高級娼婦はコルティジャーナとよばれた。教養人と対等に会話でき、詩や音楽に通じ、自らサロンを主宰することもあった。『好色浮世噺』といった好色文学でも知られる一六世紀の文人ピエトロ・アレティーノは、一五二七年にヴェネツィアに移住し、ティツィアーノやサンソヴィーノと交わって活躍したが、生涯を独身で通した。彼の邸宅にはアレティーナとよばれる複数の女性が出入りしており、彼の友人ティツィアーノがヴィーナスやマグダラのマリアのモデルにしたのはこうした女性たちであった。コルティジャーナのうちには、ガスパラ・スタンパやヴェロニカ・フランコのように文学史に名を残した女流詩人もいた。ルネサンスのヴェネツィアでヌード美術が発生し、女性美を強調した官能的な美術が流行したことの要因には、ヴェネツィアが娼婦にあふれる歓楽の都であったことはまちがいない。

ヴェネツィアの女は身づくろいに精を出した。貴族のような華美な衣装をまとい、ゾッコリという、ときに五〇センチに達することもある高下駄のような木靴（5-17）をはいて闊歩した。とくに彼女たちの売りは、「ヴェネツィアのブロンド」として知られた玉虫色の金髪である。といっても天然のものではなく、娼婦たちは髪をその色に染めるために、アルターナ（屋上のテラス）で、幾種類もの水溶液や灰汁をつけた髪を暑さに耐えながら日にさらした。ティツィアーノやパルマ・イル・ヴェッキオの描く女性がなびかせる豊かで見事なブロンドは、こうした努力の賜物だったのである。

5-17　ゾッコリ，コッレール美術館

しかし、彼女たちの末路の多くは哀れなものだった。年齢とともに零落し、性病にかかり、修道院か病院に収容される者も多く、物乞いに身を落とす者もあったという。ザッテレの海岸には、梅毒にかかった娼婦を収容するために一六世紀に建てられたオスペダーレ・デリ・インクラービリ(不治病者施療院)がある。ヨシフ・ブロツキーや須賀敦子は、この前の河岸で彼女らの哀愁に感じてエッセイに記しており、現在ブロツキーの記念プレートが塀に貼られている。生の逸楽の後にくる死と頽廃は、ヴェネツィアすべての底流をなしているといってよい。

第6章

落日の輝き

ヴェネツィアの終焉　18世紀・後期バロック，ロココ

ティエポロ《信仰の勝利》1754-55年，ピエタ聖堂

一八世紀の復興

徐々に衰退の道をたどってきて、そのまま西洋の辺境に落ちていくと思われたヴェネツィアは、そのままでは終わらなかった。共和国滅亡前の一八世紀、異様なほどの文化の高揚を示すことになる。

一七一八年、パッサロヴィッツ条約によってオスマン帝国の脅威が消滅し、以後ナポレオンの登場による滅亡までの八〇年間はきわめて平和な時代となった。かつての海上帝国は一地方国家になり下がったが、それゆえに複雑な外交戦術と領土戦争に奔走していた往時の緊張感から解放され、生活を楽しむ余裕が生まれたのである。毛織物、ガラス、出版印刷といった諸産業も衰えて経済的には衰退したが、財政が破綻したわけではなかった。絹織物やレース、ガラス製品や陶器などの高価なヴェネツィア製品は、ブランド品としてその地位を高めており、また、本土の植民地は維持されて農業は衰えず、人々の暮らしが以前より窮乏することはなかった。

一八世紀のヴェネツィア社会には享楽的な雰囲気が蔓延し、カーニバルやレガッタのような祝祭や行事がくり返され、カフェやリドット（賭場）が林立、《ジュデッカ島でのナーニ家の祝宴》（6-1）に描かれたような豪華な宴会が頻繁に催された。美術だけでなく、音楽のヴィヴァルディ、戯曲のゴルドーニらに代表されるように、音楽や演劇も活況を呈し、一八世紀のヨーロッパでもっとも輝ける文化国家となったのである。

6-1　ピエトロ・ロンギ周辺の画家《ジュデッカ島でのナーニ家の祝宴》1755年，カ・レッツォーニコ

古くからの貴族の人口が減少し、莫大な金銭によって称号や官職を買った新興貴族が増大すると、彼らは自らのパラッツォやヴィラを豪華に飾り立て、衰微した名門貴族にかわって文化のパトロンとして台頭してきた。また、教会や修道院はこのころ、本土の荘園からの収入や新貴族の寄進によって着実に富を蓄えていた。ヴェネツィアを追われていたイエズス会は、

政府の弱体化に乗じてローマから再進出してジェズイーティ聖堂を建設し、カルメル会やドミニコ会といった教団もあらそって市内にあらたな聖堂を建設し、内部を壮麗に装飾した。

こうして、一八世紀初頭のヴェネツィアでは、新貴族や教団によって一種の建設ラッシュがおこり、文化への投資もさかんになった。一六世紀のヴェネツィア派の黄金時代を担ったのが、ドゥカーレ宮殿の装飾に代表されるように、もっぱら共和国政府であったのに対し、第二次ヴェネツィアというべき一八世紀のヴェネツィア派を生み出したのは、こうした新興貴族や教会の富だったのである。ティエポロのような、当時この国を代表する大画家でさえ、政府からは生涯を通じてたった一度、ドゥカーレ宮殿の「四つの扉の間」に掛けられた油彩画《ヴェネツィアに贈りものをするネプトゥルヌス》(一七四八―五〇年)の注文を受けただけであった。

第二次ヴェネツィア派

内部の装飾を必要とする建築や増改築は、壁画への需要を増大させた。ヴェネツィアではその湿気のためにフレスコ画は不適であるとされ、一六世紀の壁画のほとんどがカンヴァスの油彩画を壁面に貼り付けたものであったが、この頃になるとフレスコが見直され、流行しはじめた。稀代のフレスコの名手ティエポロは、こうした環境が要請した存在として出現したのである。

過去の栄光を回顧するように一六世紀の黄金時代の文化のリバイバル運動が起こり、パラーディオ風の建築やヴェロネーゼの祝祭的な絵画が求められた。ジョルジョ・マッサリはパラーディオ様式を復興させ、古典主義的なジェズアーティ聖堂(6-4)やピエタ聖堂を建てた。セバスティアーノ・リッチはヴェロネーゼの画風を当世風にアレンジしてバロック的装飾への道を拓いた。サン・ジョルジョ・マッジョーレ聖堂の内陣右の礼拝堂には、セバスティアー

6-2　セバスティアーノ・リッチ《玉座の聖母子と諸聖人》1708年，サン・ジョルジョ・マッジョーレ聖堂

6-3　ジョヴァンニ・バッティスタ・ピアツェッタ《聖ドミニクスの栄光》1727年，サンティ・ジョヴァンニ・エ・パオロ聖堂

ノ・リッチの《玉座の聖母子と諸聖人》(6-2)があり、一八世紀の第二次ヴェネツィア派の勃興を告げている。リッチの影響を受けたジョヴァンニ・アントニオ・ペッレグリーニやジャンバッティスタ・ピットーニは、広くヨーロッパ中から注文を受け、華麗な色彩とすばやい筆触による絵画を流行させた。

これに反してジョヴァンニ・バッティスタ・ピアツェッタは、寡作ながらカラヴァッジョ風の明暗と人物の堅固な存在感によって忘れがたい作品を遺している。サンティ・ジョヴァンニ・エ・パオロ聖堂のサン・ドメニコ礼拝堂の天井には、ピアツェッタの最高傑作《聖ドミニクスの栄光》(6-3)がある。仰視法と劇的な光を駆使して、この画家には珍しくダイナミックな効果をあげている。

ヴェネツィア最後の巨匠ティエポロ

こうした傾向を継承し総合したのが一八世紀最大の巨匠ジャンバッティスタ・ティエポロ(一六九六―一七七〇)である。彼はヴェネツィアに生まれ、画家グレゴリオ・ラッザリーニの元で修業する。ラッザリーニは、第5章で見た《聖ロレンツォ・ジュスティニアーニの施し》(5-14)に見られるように、大画面に群像を構成する手腕に優れた歴史画家であった。

一七一七年に画家組合に登録し、一七一九年、画家グアルディ兄弟の姉チェチリアと結婚。ヴェネツィアの大運河に面したサン・スタエ聖堂にある《聖バルトロマイの殉教》のように、ピアツェッタの影響を受け、カラヴァッジョ風の強い明暗対比の作品を描いていたが、やがて明るいフレスコに移行し、一七二六―二八年、フリウリ地方のウーディネの司教館のフレスコを制作、明るく軽やかな装飾に力量を発揮する。その画面は、澄んだ透明感のある色彩と生き生きとした筆触によって、建築空間に合致した見事なイリュージョンを作り出している。

このほか彼は、ミラノ、ヴィチェンツァ、ベルガモなどヴェネツィア領の数多くのパラッツォやヴィラを装飾し、一七五〇年から三年間滞在したドイツのヴュルツブルクの司教館でその最高の成果を残し、一七五六年、ヴェネツィアの美術アカデミーの初代総裁に選出される。一七六二年からマドリードによばれ、画家の息子ジャンドメニコとロレンツォとともに王宮に《スペイン王家の栄光》など二点の広大な天井画を制作し、当地で没した。

ジェズアーティ聖堂(6-4)は、一七二六年から三六年にジョルジョ・マッサリが建てたドミニコ会の聖堂で、マッサリの代表作であるとともに、内部にはティエポロの代表作がある。外観は典型的な一八世紀の教会建築であり、パラーディオの古典主義から影響を受け、四つの巨大なコリント式円柱に、コーニスと楕円形の穴のあいた三角形の破風が載っている。この聖

6-4　ジョルジョ・マッサリ，ジェズアーティ聖堂

6-5　ティエポロ《ロザリオの制定》1737-39年，ジェズアーティ聖堂

堂はジュデッカ運河に面し、運河に反射する陽光が両側の窓から差し込むため内部は非常に明るく、天井中央にティエポロが一七三七年から三九年に描いたフレスコ《ロザリオの制定》(6-5)がある。

白亜の大階段の上にロザリオを衆生に渡す聖ドミニクスが仰視法で描かれ、その上の雲間に聖母子が見え、下方には異端が放逐されている。水平の建築的枠組を基本とする構成はドゥカーレ宮殿にあるヴェロネーゼの《ヴェネツィアの栄光》(4-38)などにならっているが、個々のモチーフや全体の動きが統一された構成となっており、堂内の明るさと調和した清澄な色調とともに、見事なイリュージョンを作り出している。

右第一礼拝堂にはティエポロによる鮮やかな色彩の優美な祭壇画《聖母とシエナの聖カタリナ、リマの聖ローザ、モンテプルチャーノの聖アグネス》があり、右第三礼拝堂にはティエポロとならぶヴェネツィア一八世紀の巨匠ピアツェッタによる三人のドミニコ会の聖人の祭壇画がある。

6-6　ティエポロ《聖シモン・ストックに現れる聖母》1740-44年，カルミニ大同信会館

カルミニ大同信会館には、ティエポロ初期の油彩による天井画の傑作がある。一六七七年にロンゲーナによって改築され、ティエポロは一七四〇年から四四年に二階の大広間の天井に《聖シモン・ストックに現れる聖母》（6-6）を制作した。彼が当初この同信会から受けた注文は、すでに天井に設置

されていたパドヴァニーノの《聖母被昇天》の周囲に八点の絵を描いてくれというものだったが、ティエポロはこれを拒否し、パドヴァニーノの絵を撤去させてすべて自らの構想による天井画で飾った。一三世紀のイギリスの司祭に聖母が顕現し、スカプラリオ(肩衣)が差し出されている情景が見事な仰視法によって描かれている。昇天する聖母の絵のかわりに降下する聖母を選んだ点にティエポロの才知が感じられよう。

ティエポロの宗教的な頂点ともいえる傑作は、一七四三年から四五年にかけて制作されたサンタ・マリア・ディ・ナザレート(スカルツィ)聖堂の身廊の天井画《ロレートの聖家の奇蹟》である。聖地ナザレから聖家族の家が天使によってイタリアのロレートに運ばれたという伝説を描いており、雄大でスペクタクルな情景が天井に展開していた。このとき彼は建築的枠組みを専門に描く画家(クアドラトゥリスタ)、ジローラモ・メンゴッツィ・コロンナと協力しており、コロンナは大胆かつ周到な枠組みを設定している。この大壁画は、惜しくも一九一五年にオーストリア軍の爆撃で失われてしまったが、現存する白黒写真やモデッロとよばれる油彩下絵によってその威容や優れた画面構成がわかる。この作品は、サンティ・ジョヴァンニ・エ・パオロ聖堂のティツィアーノの《殉教者聖ペトルスの殉教》とジョヴァンニ・ベッリーニの《シエナの聖カタリナ祭壇画》とともに、ヴェネツィア美術史を語る上で欠かすことのできない消失名画であり、もっとも惜しまれる作品である。

大運河の入口に近いラビア宮殿には、ティエポロのヴェネツィアにおける世俗的な作品の最高傑作がある。一六八五年から一七二〇年にかけてラビア家によって建てられた。ラビア家は、カタロニアの商人で、カンディア戦争の戦費のために共和国に多額の寄付をしたことで一六四六年に貴族となったが、その富裕さで知られた。現在はイタリア国営放送(RAI)が入っており、ティエポロの壁画を見るには事前に申し込まなければならないので面倒だが、その価値は十分にある。

ティエポロは、メンゴッツィ・コロンナとともに一七四四年から五〇年にかけて二階の「祝祭の間」(6-7)の壁面と天井をフレスコで装飾した。向かい合う壁面に描かれた《アントニウスとクレオパトラの出会い》と《クレオパトラの饗宴》(6-8)はいずれも豪華な柱に囲まれ、階段を上がった舞台のような設定となっている。前者では主人公は舞台からこちらに向かって下りてくるようであり、後者では舞台に上っていく小人が描かれているため、観者のいる空間を横切ってふたつの壁面が結び付けられている。後者の上部には楽団のいるバルコニーがあり、青空が開けたような天井には《風神》や《プルートとプロセルピナ》が描かれている。部屋の四隅には宴会の準備をする厨房や船から荷を下ろす情景が見える。

6-7　ラビア宮殿「祝祭の間」

6-8　ティエポロ《クレオパトラの饗宴》1743-50年，ラビア宮殿

新興貴族ラビア家は羽振りがよく、しばしば豪華な宴会を催した。ラビア家で四〇人の貴族を招いて宴会をしたとき、その食器一式はすべて黄金であったが、宴が終わると主人はそれを片端から運河に投げこませたという。しかし、これは見せかけで、運河に網を張っておいて後で回収したという噂もあった。新興貴族の見栄であった。

そのため、クレオパトラがアントニウスに富を誇示するため真珠をグラスの酢に溶かして見せるこの主題はラビア家の装飾の主題として最適のものであった。しかも、装飾を依頼した当主の未亡人マリア・ラビアはその美貌と宝石のコレクションで知られていたため、クレオパトラには彼女の容貌が重ねられていると思われる。現実の空間と画中空間とが溶け合ったようなこの部屋は、落日のヴェネツィア貴族の歓楽と嬌声に満ちた祝宴のただ中に迷い込んだようなイリュージョンを与え、ヴェネツィアの栄華のはかない夢をしのばせてくれる。

サン・マルコ広場の東に広がるスキアヴォーニ河岸に建つピエタ聖堂は一七三六年のコンペで優勝したマッサリの建築。一三四六年に創設された孤児院が付属しており、毎年、棕櫚《しゅろ》の聖日(復活祭直前の日曜日)には、元首が大勢の随行員たちとともに訪れて孤児の少女たちの合唱に耳を傾けた。内部は楕円形のプランとなっており、天井にはティエポロが一七五四年から五五年に描いたフレスコ《信仰の勝利》(本章扉)がある。これを依頼したピエタ会は画家に満足な謝礼も払えなかったが、ヴュルツブルクでの仕事を終えて裕福となっていたティエポロは逆にかなりの額の金を会に融資している。この聖堂は楕円形の空間とヴォールト天井、さらに外の音を遮断するナルテクスによって音響がよく、コンサートホールとして用いられてきた。孤児院は一七世紀に音楽学校となり、アントニオ・ヴィヴァルディは一七〇三年にそのヴァイオリン教師となり、そこで四〇年近くにわたって孤児の少女たちに音楽を教えるかたわら、彼女たちのために幾多の名曲を作曲した。この聖堂で奏でられる音楽は天井のティエポロの壁画と響きあい、えもいわれぬ効果を与える。

カ・レッツォーニコは、バルダッサーレ・ロンゲーナが手掛け、ジョルジョ・マッサリが一七五六年に完成させた建築である。二階のふたつの広間にティエポロが、レッツォーニコ家とサヴォルニャン家の婚礼を祝う寓意的な天井画を描いた。現在、内部は一八世紀美術館となっており、ティエポロ一家の別荘に息子ジャンドメニコが描いた壁画をはじめ、一七世紀と一八世紀のヴェネツィア美術工芸を堪能することができる。

ヴェネツィアではこのほか、イタリア建設業協会（ANCE）の入っているサンディ宮殿の天井画《雄弁の寓意》、スカルツィ聖堂の天井画《聖テレサの栄光》、ファーヴァ聖堂の《聖母の教育》、サンタルヴィーゼ聖堂の《十字架の道行き》、サンティ・アポストリ聖堂の《聖ルチアの最後の聖体拝領》、サン・ポーロ聖堂の《聖ヨハネス・ネポムクに現れる聖母子》など、ティエポロの作品を数多く見ることができる。かつて、北イタリアにあるこうしたティエポロの作品を集中的に見て廻ったことがあるが、どの作品もその教会や宮殿の雰囲気と調和しており、いずれも新鮮であった。

6-9　ヴュルツブルク司教館，大階段室

ティエポロの最高傑作はしかし、ヴェネツィアではなくドイツにある。ティエポロは一七五〇年、ドイツのヴュルツブルクに招かれ、画家となった息子ジャンドメニコとともに三年間ほど滞在して司教館の一連の壁画を描いた。この地域では司教が政治君主も兼ねており、天才建築家バルタザール・ノイマンによるバロック様式の司教館は豪華さを誇っていた。柱がなく、部屋の中央に巨大な階段がある広大な階段室(トレッペンハウス)(6-

9)はノイマンの傑作であり、その約六〇〇平方メートルの天井には、《オリュンポス山と四大陸の寓意》が描かれた。ひとつの消失点に集約していくバロック式の天井画ではなく、観客が一階から二階に上り、天井の周囲を歩くにつれてそれぞれの場面が次々に目に飛び込んでくるような構成となっている。

この天井画は当時のヨーロッパの世界観が示されたパノラマであり、中央のアポロが光を発し、四辺にはそれぞれ四大陸を象徴する擬人像や事物が描かれている。ヨーロッパ、アジア、アフリカ、アメリカの擬人像はそれぞれ、牛、象、ラクダ、ワニに乗っている。彼らの周囲には、当時の博物学的な知識によって、それぞれの大陸の情景がいきいきと描かれている。ヨーロッパの部分には、壁画の注文者グライフェンクラウの肖像画が名声の擬人像に支えられており、宮殿を作った建築家ノイマンや彫刻家ボッシの姿のほか、左端にはティエポロ親子の自画像が見える。

階段を上り始めるとまずアポロを中心とする天井の一部とアメリカが見え、踊り場で折り返すと正面にヨーロッパ、左右にアフリカとアジアが姿を現わす。上りきって二階を歩くと四大陸の細部が目に入るというように、観客の動きによって姿を変えるように構成されている。建築と絵画が融合して驚くべき効果をあげた傑作である。

ティエポロの軽やかな装飾様式はバロックの最後の光芒を示すものであり、彼はジョット以降のイタリア美術の偉大な伝統を締めくくる最後の巨匠となった。

ジェズイーティ聖堂

ヴェネツィアの北のはずれにあるジェズイーティ(サンタ・マリア・アッスンタ)聖堂(6-10)はイエズス会の聖堂であり、一二世紀にクロチーフェリ修道会のあった場所に、一七一五年から三〇年にかけてドメニコ・ロッシによって建てられた。イエズス会は、一六〇六年、ヴェネツィアと教皇が争って教皇が聖務停止例を出したときに教皇側についたためヴェネツィアを追放されたが、一六五七年に復帰した。

6-10　ジェズイーティ聖堂

フリウリ出身で一六五一年に貴族となったマニン家の出資で作られたファサードは、ジャンバッティスタ・ファットレットによるもので、重厚な円柱や凹凸のあるコーニスがあり、上部

6-11　ジェズイーティ聖堂主祭壇

にはジュゼッペ・トッレーティやピエトロ・バッラッタら複数の彫刻家による多くの天使や聖人の彫像が立ち並ぶ。イエズス会の直接の指導の下に建てられたため、ローマやアントウェルペンなど世界中に建てられたイエズス会聖堂と同じような典型的なイエズス会的なバロック様式を示す。

内部もローマのイエズス会聖堂と同じく左右に礼拝堂が並ぶ一廊形式で、ドメニコ・ロッシのデザインによって、白と緑の大理石、金と漆喰の象嵌細工によってカーテンのような華麗な装飾がなされ、天井はフランチェスコ・フォンテバッソによってフレスコと漆喰で装飾されている。

左第一礼拝堂には前述のティツィアーノの

《聖ラウレンティウスの殉教》（4-17）があり、左翼廊にはティントレットの《聖母被昇天》、聖具室にはパルマ・イル・ジョーヴァネの聖十字架伝説の連作がある。

主祭壇（6-11）は、フラ・ジュゼッペ・ポッツォによるもので、ヴァチカンのサン・ピエトロ大聖堂にあるベルニーニのバルダッキーノに想を得た、一〇本のねじれたソロモン柱によって構成されている。中央には、ジュゼッペ・トッレーティによる、地球に乗った父と子の三位一体の群像が設置され、その上方には聖霊の鳩が光輝き、ラピスラズリのはめこまれた聖櫃がある。ジュゼッペ・ポッツォはローマで活躍した有名なイエズス会士の画家アンドレア・ポッツォの弟で、一六八〇年にヴェネツィアに来て、ベルニーニのような豪華な祭壇形式をもたらした。祭壇の背後の上方には窓が穿たれ、聖堂の背後を流れる運河から反射する明るい光を導入している。こうした劇的な採光の工夫も、ポッツォがベルニーニから学んだものであろう。

同じマニン家が出資して建てられたカルメル会のスカルツィ聖堂には、この直前にポッツォが制作した類似の祭壇がある。ジェズイーティ聖堂は、建築、彫刻、絵画が一体となったベルニーニ的な総合芸術の典型であり、ヴェネツィアにおける華々しいバロックの最後のモニュメントとなった。

6-12　ジャンドメニコ・ティエポロ《新世界》1791年，カ・レッツォーニコ

風俗画と肖像画

一八世紀のヴェネツィアでは世俗的なジャンルもさかんとなった。ティエポロの息子で助手であったジャンドメニコ・ティエポロは、父に同行して数々の壁画を手伝っただけでなく、父の手がけなかった風俗画に優れた才能を発揮した。彼の代表作は、カ・レッツォーニコにある壁画である。ヴュルツブルクでの大仕事を終えて帰ってきた父ジャンバッティスタがミラノ近郊のジアニーゴに建てたヴィラに、ジャンドメニコが一七五九年から九七年にかけて描いた壁画をここに移したものであり、神話や擬人像のほか、当時流行した見世物である覗き眼鏡に興じる人々を描いた《新世界》(6-12)や、天井には綱渡りをするプルチネッラ(道化師)が描かれていて楽しい。

風俗画を代表するピエトロ・ロンギは、第5章で見た宗教画の名手アントニオ・バレストラに学び、さらにボローニャでジュゼッペ・マリア・クレスピの下で修業し、彼の風俗画の影響を受けた。ヴェネツィアの貴族や庶民たちの日常生活を小型の画面に描き、グリマーニ家やレッツォーニコ家など名だたる貴族の寵愛を受けた。家内労働、コンサート、賭け事、祝祭、見世物、狩猟など、往時のヴェネツィア社会の様々な面をとらえたその画面は、友人であった喜劇作家ゴルドーニの世界の絵画版だといわれ、ユーモラスで哀愁に満ちている。

ロンギの作品は、カ・レッツォーニコのほか、クエリーニ・スタンパリア美術館でまとめて見ることができる。カ・レッツォーニコにはリドット（賭場）や犀の見世物に集う仮面の婦人を描いた小品があり、クエリーニ・スタンパリア美術館には「七秘跡」連作（一七五五―五七年）（6-13）がある。これは、師のクレスピの同主題の連作をより軽妙にしてヴェネツィア風俗に置き換えたもので、ヴェネツィア市民の一生を辿っている。息子アレッサンドロ・ロンギは上流人士の肖像画によって人気を博した。

6-13　ピエトロ・ロンギ《洗礼》1755年，クエリーニ・スタンパリア美術館

肖像画の分野では、女性画家ロザルバ・カリエーラが特筆されるべきである。彼女は、ピエトロ・ロンギ

と同じくバレストラに学び、当時から一般化したパステルを用いて、やわらかい諧調による優美な肖像画を描いて人気を博した。パリやウィーンにも滞在し、パリでは画家ヴァトーの肖像画も描いている。

ヴェドゥータの流行

安定と自由に満ちたヴェネツィアには、「グランド・ツアー」の流行とあいまって旅行者が増大し、観光産業が隆盛する。グランド・ツアーは、イギリス人、ドイツ人、フランス人らの貴族の子弟の教養習得旅行であり、ローマで古代遺跡、フィレンツェでルネサンス文化に触れ、最後はヴェネツィアで羽を伸ばすというコースが一般的であった。グランド・ツアーでヴェネツィアを訪れる観光客の土産物としてヴェドゥータ（都市景観画）が人気を博した。それは、都市や名所の景観を正確に写した風景画であった。

ヴェネツィアにおけるヴェドゥータの先駆者は、ルカ・カルレヴァリスである。遠近法によって建物を正確にとらえたその画面は、アントニオ・カナル、通称カナレットによってさらに活気あるものとなった。彼はローマで景観画家ジョヴァンニ・パオロ・パニーニに学び、一七一九年に帰郷して以降、精力的にこの水の都の景観を描いた。建築や広場や運河を正確に捉え

6-14　カナレット《大運河の光景》1723-24年，カ・レッツォーニコ

るだけでなく、そこにうつろう光と影を写し取り、生気あふれる都市空間を表現した。制作にはカメラ・オブスクーラを用いた可能性があるが、その絵画は写真のように正確なものではなく、複数の視点を組み合わせ、あるいは建物の位置をずらして景観の見栄えをよくし、画面の統一性に配慮するなど、周到な創意工夫がこらされていた。それによって、ヴェネツィアという都市の本質までもが表現されたのである。

また、実際の景観を改変したり、空想の景色を描いたりするカプリッチョ（奇想画）とよばれる風景を描くこともあった。彼のヴェドゥータは、イギリスの商人で後にヴェネツィア領事になったジョゼフ・スミスを中心に、とくにイギリス人に求められ、彼自身も一七四六年にイギリスに招かれ

6-15　フランチェスコ・グアルディ《サン・マルコ広場》1770 年代，カ・ドーロ

て約一〇年間滞在してテムズ川やロンドン郊外の田園の景観を描いている。彼の作品は国際的な人気を博したため、大画面の代表作はイギリスやドイツやアメリカにあるが（第1章扉）、ヴェネツィアでもいくつかを見ることができる（6-14）。

カナレットの作品や素描は、主に版画家ブルストロンによって大量に版画化され、それが世界中にヴェネツィアのイメージを流布させることになった。彼のヴェドゥータこそ、名所としてのヴェネツィアの典型的なイメージを作り上げたといってよいだろう。

カナレットの甥のベルナルド・ベロットは、カナレットと同じ様式ながらやや重厚な風景画を描き、イタリア各地のほか、ドイツ、オーストリア、ポーランドにも趣いてその地の精密なヴェドゥータやカプリッチョを描いた。

カナレットと並ぶヴェドゥータの巨匠フランチェスコ・グアルディは、優れた宗教画家であった兄の画家ジャンナントニオに画技を学び、すばやい筆致でヴェネツィアの町や生活風景を生き生きと描いた(6-15)。それらは印象派を先駆するような刹那的な光と動きをとらえており、カナレットとは異なるヴェネツィアの華やかさと儚さを感じさせる。

6-16 ジャンナントニオ・グアルディ《トビアスの旅立ち》1750年頃，アンジェロ・ラファエーレ聖堂

フランチェスコの兄の画家ジャンナントニオ・グアルディは、弟のヴェドゥータと同種の荒々しいタッチで宗教画を描いたが、長年忘却されていた。近年見直され、今や一八世紀ヴェネツィアでもっとも注目される画家となった。様式の似ている弟と共作したと考えられるが、ティエポロは彼らの姉と結婚している。ヴェネツィアのアンジェロ・ラファエーレ聖堂にあるオルガン席の手すり部分には、「トビト伝」の七点の情景が描かれているが(6-16)、生

き生きとした印象派風のタッチで物語が展開し、非常に近代的である。

彼のもっとも重要な作品はヴェネツィア北東のグラード近くのベルヴェデーレ・ディ・アクイレイアの教区聖堂にある《聖母子と聖人たち》(一七四六―四八年)で、幻惑的なまでのタッチによって表された聖会話図は、ジョヴァンニ・ベッリーニやヴェロネーゼが近代的に再生したようだ。

ヴェネツィアの運河や光を克明に記録した彼らのヴェドゥータは、落日のヴェネツィア共和国の栄光を伝えている。一八世紀のヴェネツィアが、政治的・経済的には無力であっても、文化の面では多くのものを発信し、ヨーロッパ芸術の一中心地になったというのは驚異である。そこには、新興貴族の文化的投資や歓楽の都として観光地となったことなど、多くの要因が指摘できようが、やはりヴェネツィアのもっていた底力、つまり中世からの華麗な文化的伝統のゆえである。一七世紀に一時的に薄れかけたヴェネツィア美術の一貫性は、力強く息を吹き返し、ヴェネツィア美術史の掉尾を見事に飾ったのである。そこに、この都市の類まれな活力と特殊性を見ることができる。

フェニーチェ劇場

この世紀の終わり、ヴェネツィア共和国がまさに終焉を迎える五年前の一七九二年にフェニーチェ劇場(6-17)が誕生した。ヴェネツィアは、音楽による大規模な劇であるオペラの発祥の地でもあった。オペラの創始者クラウディオ・モンテヴェルディは、北イタリアのクレモナに生まれ、一六〇七年に最初のオペラ『オルフェオ』をマントヴァで初演。一六一三年にヴェネツィアのサン・マルコ大聖堂の楽長に任命され、その合唱団と器楽隊を組織して宗教音楽を書く傍ら、コンチェルト、マドリガーレ、オペラといった世俗音楽を数多く作曲した。一六三〇年、元首モチェニーゴ・ダンドロの邸宅で、オペラ『プロセルピナの略奪』を上演する。ローマ皇帝ネロに材をとって一六四二年に作られた『ポッペーアの戴冠』はヨーロッパを巡回して公演された。一六四三年に没したモンテヴェルディは、ティツィアーノらと同じく、フラーリ聖堂に葬られている。

6-17　フェニーチェ劇場内部

ヴェネツィアにはすでに一五六五年に一年中演劇を上

演する商業劇場が生まれ、即興仮面劇のコンメディア・デラルテや悲劇が上演されたが、一六三七年にはじめて入場料をとってオペラを興行するオペラハウスができた。こうしたオペラはすぐにヨーロッパ中に波及したが、貴族から庶民までヴェネツィア市民の最大の娯楽となった。最新のオペラが話題の中心となり、それによって美的な感性が磨かれた。

一七世紀には一六もの劇場が生まれたが、サン・モイゼ劇場はヴィヴァルディやパイジェッロの新作を上演し、一九世紀にはロッシーニもこの劇場のために制作している。サン・ベネデット劇場は優美な内装と一五〇〇の客席数を誇る大劇場であったが、一七七三年に火災で焼失する。その後継として建てられたのがフェニーチェ劇場であった。

そのための設計のコンペは白熱し、勝者のジャンナントニオ・セルヴァは大きな批判を浴びたが、その広大さと美しい内装からヨーロッパの主要な劇場のひとつとなり、ロッシーニ、ベッリーニ、ドニゼッティらの新作を上演した。ヴェネツィア国際現代音楽祭の会場にもなっている。しかし、一八三六年に火災に見舞われて全焼。ただちにセルヴァの弟子のメドゥーナ兄弟によって再建され、ヴェルディの『椿姫』や『リゴレット』が初演されている。しかし、一九九六年に再び火災で全焼、その後の再建工事は長引き、ようやく二〇〇三年に再開場した。日本でもたびたび公演するようになったが、それも再建費用に充てられたという。

もともと焼失したサン・ベネデット劇場の復興を期して不死鳥（フェニーチェ）と名付けられたこの劇場は、こうして度重なる焼失のたびに力強くよみがえってきたのである。

私は再建前も再建後もこの劇場を訪れることができたが、内装は以前にもまして豪華になったようであった。いつも貴族のように着飾った男女の幸福そうな姿を見ることができ、豪華な内装の客席から舞台を見ていると、かつてのヴェネツィア貴族の夢と享楽の日々に同化していく気分になる。この劇場はヴェネツィア共和国一千年の歴史の終盤に登場し、今なおヴェネツィア芸術の粋を見せてくれており、まさに、ヴェネツィアという都市の記憶装置にして、ヴェネツィア文化の生き証人であるといえよう。

海の香りのする迷路のような町を歩き回りながら教会や美術館でヴェネツィア美術を鑑賞し、新鮮な魚介を主としたヴェネツィア料理を白ワインとともにいただき、夜はオペラかコンサートに行ってヴェルディやヴィヴァルディを聴く。そしてその余韻に浸りながら静まり返った町を歩いて橋を渡って宿に帰る。そんな一日が、ヴェネツィアの提供する最上の魅力にほかならない。これほどの贅沢は、ほかの都市ではなかなか味わえないだろう。少なくとも、それがすべて徒歩圏で収まる町はない。少し無理をしても、一生に一度くらいは体験する価値はあるだろう。

終章

生き続けるヴェネツィア

カーニバルの風景

ヴェネツィア・ビエンナーレ

一八世紀末にヴェネツィア共和国はナポレオンの侵攻によって終息し、フランス、ついでオーストリアに支配された後、イタリア王国の一部に組み込まれた。かつてのにぎやかさはなく、観光地としても活気のない時代になった。画家たちにとっては依然として人気があり、ターナー、モネ、ホイッスラーなどがこの水の都の風景を描いて新境地を拓き、明治維新直後の日本からも川村清雄がこの町に滞在して洒脱な風景を描いた。

一八九五年、衰退したヴェネツィアを盛り上げるためにヴェネツィア市によって開始されたのが、現代美術の祭典ヴェネツィア・ビエンナーレである。同年、現代音楽祭も行われ、一九三二年には国際映画祭、一九三四年には演劇祭が開催されるようになったが、いずれもヴェネツィアを文化都市として蘇らせる契機となった。両大戦などで何度か中止になったものの、徐々に規模を拡大させて現在にいたっている。会場は、ヴェネツィアの東のはずれにある広大なジャルディーニ（市立公園）とアルセナーレ（国営造船所）である。

国ごとのパビリオンや展示場が建ち並び、グランプリ（金獅子賞）をかけて競うため、「美術のオリンピック」ともいわれるが、美術家の実力だけでなく、国の財力や政治力が大きく左右するため、そのあり方には疑問や批判も多く、万博と同じくその歴史的使命は終わったという見方もある。

ただ近年でも、いずれも金獅子賞をとったハンス・ハーケの《ゲルマニア》(7-1)や蔡國強の《ヴェネツィア収租院》(7-2)など、現代美術の制度や歴史を鋭く批判して強く印象に残る秀逸なインスタレーションもあった。また、二〇世紀ヴェネツィアの生んだ最高の建築家カルロ・スカルパによるベネズエラ館(7-3)や吉阪隆正による日本館など、各国のパビリオン建築は一見の価値がある。世界各地で類似の現代美術展が林立した現在でも、カッセルのドクメンタとともに現代美術の最重要イベントであることはまちがいない。

7-1　ハンス・ハーケ《ゲルマニア》1993年，ヴェネツィア・ビエンナーレ，ドイツ館

伝統的なヴェネツィア美術とビエンナーレの現代美術とはほとんど関係がないように見える。しかし、ビエンナーレ期間中は、本来の会場だけでなく、中心部

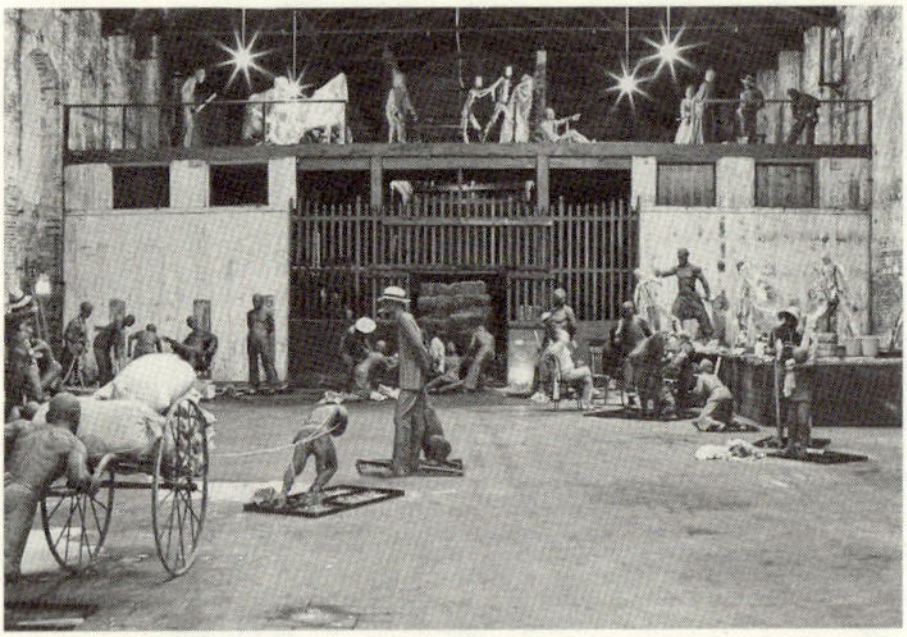

7-2　蔡國強《ヴェネツィア収租院》1999年，ヴェネツィア・ビエンナーレ

の宮殿や美術館にも多数の出品作品が展示され、両者が混在する。こうした場合、新旧の共存が興味深いこともあるが、相殺してしまうことも多い。

二〇一一年のビエンナーレの総合ディレクターのスイス人ビーチェ・クリガーは、ティントレットの大作三点を展示館（旧イタリア館）に展示し、それによってヴェネツィアの伝統美術と現代美術とを対話させようとした。しかし、その試みは成功したとはいいがたく、評判も悪かった。ティントレットは美術館で見ても十分迫力があるが、本来の環境と文脈で見てこそさらに力を発揮する。同じヴェネツィア内で作品を移動させる意味があったのか疑問であった。

一方、ティントレットの《最後の晩餐》が持ち去られたサン・ジョルジョ・マッジョーレ聖堂の内部には、インド出身のアーティスト、アニッシュ・カプーアが、《昇天》と題して、教会中央に大きな白い煙の柱を立ち昇らせる大規模なインスタレーションを企画したのだが、すぐに故障し、天井に大きな煙突が顔をのぞかせているのみの無残な状態となっていた。それ自体で完結した総合芸術である教会や古社寺の空間に現代美術が闖入する試みは、近年あちこちで見られるが、ほとんどの場合あまりに無神経で安易な発想であり、共感できないことが多い。ヴェネツィアの美術は、その環境とともに守られてほしいものだ。

7-3 カルロ・スカルパ，ベネズエラ館，1954-56年

もっともヴェネツィアはビエンナーレだけでなく、意外にも近現代美術の宝庫でもある。カ・ペーザロ内の近代美術館やペギー・グッゲンハイム美術館では充実したコレクションを見ることができる。後者は一八世紀のパラッツォ・ヴェニエール・デイ・レオーニを、一九四九年、祖父の遺産を継いだアメリカの富豪にしてマックス・エルンストの妻であったペギー・グッゲンハイムが購入したもので、欧米で収集した近現代美術のコレクションが邸宅のうちに展示され、ピカソ、マチスからシュルレアリスムや抽象表現主義にいたる二〇世紀美術の正統的な流れをしっかり辿ることができる。ここからの大運河は格別であり、それを

背景に眺めるマリーノ・マリーニやカルダーの彫刻(7-4)、室内に飾られたポロックやステラの絵画も非常に質が高い。

7-4　カルダー《牛》(1971年)のあるテラス，ペギー・グッゲンハイム美術館

都市と美術

このように、ヴェネツィアという都市は、中世から現代にいたるあらゆる美術を受け入れてきたが、やはり共和国の最盛期であった一五世紀から一六世紀のルネサンスと、終焉期の一八世紀の美術がもっともヴェネツィアらしい。その時代のヴェネツィア美術こそは、西洋中に影響を与えたまさに中心地であった。そしてそこにはヴェネツィアという町の魅力が凝縮しているようであり、ヴェネツィアの景観や雰囲気を見事に反映しているのだ。

ヴェネツィア美術は、長らく西洋美術の最高峰とされ、一種のブランドとなって各地から求められてきたため、作品は世界中に散らばっている。パリのルーヴル美術館、ロンドンのナシヨナル・ギャラリー、マドリードのプラド美術館、ニューヨークのメトロポリタン美術館など世界の名だたる大美術館にはいずれも、ヴェネツィア絵画の傑作が数多く展示されており、それを見るだけでもヴェネツィア美術の質の高さは十分にわかる。日本の東京上野にある国立西洋美術館の常設展示室でも、ヴェロネーゼやティエポロの作品がいつでも見られる。やはり世界中の大美術館にそのコーナーのあるオランダ絵画は、小型の絵画が多く、薄暗く地味であるのに対し、ヴェネツィア絵画は大画面が多く、鮮やかな色彩によって人目をひく。とくに広大なルーヴル美術館の中心、グランド・ギャラリーに掛けられたヴェロネーゼの《カナの婚礼》は、その鮮やかな色彩と、見上げるばかりの大画面によって、ヴェネツィア美術の魅力をこれ以上ないほどアピールしている。

しかし、「はじめに」でも述べたように、ヴェネツィアの町を歩き回った後で出会うヴェネツィアの美術作品は格別であり、その色彩や大きさを深く理解できる。ティエポロのような壁画を本領とする画家の場合はなおさらである。ジュデッカ運河に面した明るいジェズアーティ聖堂に入ってティエポロの描いた天井画(6-5)を見上げると、この画家の淡白な色彩や躍動感は、まさにこの水の都の環境が生み出したものであることが納得できるのである。

聖ロクス大同信会館の二階を埋め尽くすティントレットの黒々とした大画面(4-29・30)は、

ヴェネツィアの持つ底知れぬエネルギーや深い陰影を感じさせずにはいない。それは、画集や映像では想像もつかない鑑賞体験となろう。

また、フラーリ聖堂で見上げるティツィアーノの《聖母被昇天》(4-10)の大画面に満ちる黄金の光は、ヴェネツィアの栄光や名声を照射しているようであり、一方、サルヴァドール聖堂で見る《受胎告知》(4-18)の夕暮れの光景は、この海洋帝国の凋落を示唆しているようだ。ヴェネツィア美術を代表するティツィアーノの作品には、この町の運命すべてを表しているように見える。町の歴史と美術とが不可分に結びついたヴェネツィアほど、芸術に生命を与える環境はないといってよい。

ロシアの文豪ツルゲーネフは小説『その前夜』(一八五四年)で、ヴェネツィアを訪れると、幸福な人はますます幸福になり、不幸な人はさらに不幸を感じると書いている。ヴェネツィアは人の気持ちを高揚させ、またときに落ち込ませる稀有な都市である。少しでも美術や歴史に興味がある者にとっては、これほど楽しい町はないだろう。この小説の主人公の男女も、死を前にしながらヴェネツィアに遊び、最後の日にアカデミア美術館でティントレットの《奴隷の奇蹟》(第4章扉)のひっくり返って飛ぶ聖マルコの姿を見て笑い転げるのだ。その後この二人は魚料理を食べ、『椿姫』を見てから死別する。

ヴェネツィアは四季折々、また一日のうちのいつの時間でも異なる表情を見せる。そうした変化を楽しみつつ、この迷宮都市を散策し、教会や美術館にあふれかえった美術作品を見ることほど、生の至福を感じさせてくれる体験はないだろう。青春時代にこの町を訪れることのできる者は幸福だ。

仮装の欲望

初春に行われるカーニバルは、この町にもっとも多くの観光客が集まるイベントである。ヴェネツィアの人口は二倍以上にふくれあがる。現在は二週間ほどの祝祭だが、かつては一年の半分近く続いたという。町中に仮面をつけ、時代がかった衣装をまとった人々があふれかえり、活人画のような世界が現出する（本章扉）。もっとも近年は、ヴェネツィアに関係のないただのコスプレも多く、アメリカのハロウィンと同じような大規模な仮装大会という趣になりつつある。

ヴェネツィアでは中世に仮面舞踏会（マスカレード）が誕生し、素性のわからぬ男女の出会いが数多くの恋物語を生み出した。東方との貿易がさかんであったヴェネツィアには、マルコ・ポーロが中国に旅行した一三世紀頃に東方から仮面がもたらされたという。カーニバルでは、人々が仮面をつけて町にくりだすのだが、それによって貴賤や出自などの素性を隠して遊蕩にふけることができた。一八世紀のヴェネツィアでは、カーニバルのとき以外にも、とくに貴族の女性が出かける時に仮面をつけることが流行した。劇場やリドット(賭場)に出入りし、カフェでくつろぐのに人目をはばかることがなく、便利であったからである。仮面さえつけていれば、貴婦人か娼婦かすら区別がつかなかった。有名人がサングラスやマスクをして外出するのと似ている。また、庶民にとっては、仮装することで身分の枠を超えた自由を満喫できた。

ピエトロ・ロンギは、爛熟した一八世紀のヴェネツィア社会のひとこまを切り取った風俗画を数多く描いているが、リドットに出入りし、見世物に見入る婦人たちはしばしば仮面をつけている。彼女たちは、こうして素性や身分を隠すことによって自由に遊ぶことができたのである。

西洋では、仮面は素顔を隠すことから、「欺瞞」の象徴であった。否定的なモチーフとして、遊興を表す楽器やトランプとともに描かれて、ヴァニタス(虚栄)を表すことが多い。

仮装して外面を隠したい、あるいは変貌させたいという本能は誰にもある。もともと仮面をつけることは、素顔を隠すだけでなく、別の人格や神や動物に変身するためであり、古来多くの文化圏で、演劇だけでなく、宗教的儀礼や祭礼で用いられてきた。日本でも縄文時代から存在していた。そして、室町時代の洗練された能面や伎楽面、二〇世紀の西洋の芸術家たちに影響を与えたアフリカの力強い仮面のように、高度な芸術的洗練に達した仮面もある。もっとも、それらは壁に掛けられたものを鑑賞するものではなく、人間が装着して動くことによって完成する芸術であった。生きた芸術という点で、刺青と共通する。

和辻哲郎の有名な随筆「面とペルソナ」で指摘されているように、演劇における面を意味するペルソナという言葉は、やがて人格という意味となった。仮面は素顔を隠すのではなく、逆にその人の本性を表すものでもあったのだ。

仮装してカーニバルを闊歩する人々も、少しでも注目を集め、写真に撮られたいという自己顕示欲をあらわにする。そして、素顔を隠してはいても、自分がこのように見られたいという欲望をかえって鮮明に浮かび上がらせるのだ。一年中イベントが繰り広げられるヴェネツィアという祝祭都市には、つねにこうした欲望を発散させてくれるアジール(開放区)のような自由な雰囲気と活気が漂っている。それが、質の高い華麗な美術を生み出す要因のひとつになったのだろう。

この町全体が劇場の舞台のようであり、そこを歩くと誰しも自分が舞台上の役者になったような気分を味わう。ヴェネツィアは、現実世界にありながら、夢や劇の中にいるような気分にさせる稀有な場所なのだ。その特質は、現実を反映しながら別世界を構築する絵画という芸術にも通じる。ヴェネツィアで絵画芸術が隆盛したのは、あるいはそのためではないかと思うのである。

死の都

今なおヴェネツィアは、満ち干を繰り返すラグーナの潮とともに生きて呼吸している。そのために、過去の栄光を物語る歴史遺産も、最先端の現代美術もすべて融合させて町の魅力にしてきた。そして、伝統的な祝祭が過去とまったく同じように一年中繰り返され、多くの旅人を集めている。町にあふれる美術作品と町の景色とがあいまって、現実でありながらつねに虚構にいるような世界を作り上げているのである。これほど訪れるたびに新たな発見があり、また懐かしい気分にさせられる都市はない。

しかし一方、歴史の古いこの町は、決して享楽的な雰囲気ばかりではなく、死の匂いが濃厚に漂っている。過去と現在、夢とうつつ、死と生が混在する町といえようか。東方への門戸でもあったヴェネツィアは、ペスト、コレラ、梅毒といった様々な病魔の窓口でもあった。本書でも述べたように、この町は何度もペストを流行させ、そのたびに多くの人口を失ってきた。

九〇〇年から一五〇〇年までの六〇〇年間だけでも六三回のペスト猖獗《しょうけつ》を記録している。とくに、ヨーロッパ全土に甚大な被害をもたらした一三四八年のペストでは、ヴェネツィアでは人口の半分が犠牲となったという。こうした大量死の記憶は、町の隅々に沈潜しており、漂っているのだ。

共和国終焉後の一九世紀から二〇世紀にかけてこの町に来た文人や芸術家たちが、この町に死の気配を感じ取って繰り返し記した。フランス・ロマン主義の先駆者シャトーブリアンは、一九世紀初頭にヴェネツィアを訪れ、ゴンドラが柩を運ぶ舟のようだと記したが、以後バイロンやゴーティエ、ジョルジュ・サンドやダヌンツィオらも繰り返しヴェネツィアを死の都として謳った。それは単に輝かしい歴史と退廃した現在という対比に起因するロマン主義的な感傷のゆえばかりではなく、この町の持つ独特の香気がそれを誘発してやまないからである。一九一一年に訪れたトーマス・マンは『ヴェニスに死す』で、美少年に魅せられたあまり、コレラが蔓延するにもかかわらず、避難することなく死ぬ老紳士を描いた。

ヴェネツィアが一時的に退廃していた一九世紀だけでなく、世界的な観光地となった現在でも、死の気配がはっきりと感じられる。

ヴェネツィア島の北側にあるサン・ミケーレ島（7-5）は墓の島である。一四六九年から七

7-5　サン・ミケーレ島

八年にかけてマウロ・コドゥッシによって建てられたサン・ミケーレ・イン・イーゾラ聖堂は明快なファサードを持つ。一九世紀初頭、ナポレオンの命で、各地にあった墓地がこの島に集められたものであり、ヴェネツィアで没したエズラ・パウンドやヨシフ・ブロツキー、ストラビンスキーやディアギレフの墓もある。明治時代初頭、ヴェネツィアで日本語を教え、この地で没した緒方惟直《これなお》の墓もある。船着場から降りて島内（7-6）を歩くと、どこもかしこもびっしりと墓石に覆われ、墓地特有の静寂に包まれて思わず厳粛な気持ちになる。ほとんどの墓に花が供えられており、鮮やかな風景が広がっているが、近寄るとほとんどが造花であることがわかる。多くの墓石には、日本とちがって写真が付され、幼い子や若者の墓が目をひく。糸杉の林立するこの島に想を得て、スイスの画家ベックリンは有名な《死の島》を描いた。ヴェネツィアの北側の岸辺に行けばどこからでも見えるサン・ミケーレ島は、ヴェネツィアの町につねに死の影を投げかけているようだ。

7-6　サン・ミケーレ島墓地

ヴェネツィアには四〇〇もの橋があるという。少し歩くと橋があり、町を歩くと何度となく橋を渡ることになる。ヴェネツィアの大動脈である大運河には長らくリアルト橋しかなかったが、一八五四年にアカデミア美術館近くにエウジェニオ・ミオッツィによる木製のアカデミア橋ができた。アカデミア橋から東にサンタ・マリア・デラ・サルーテ聖堂を望む眺望(7-7)は、観光客に人気がある。一九三二年にサンタ・ルチア駅の近くにやはりミオッツィの設計によるスカルツィ橋ができ、二〇〇八年にはその西方に、スペイン人サンティアゴ・カラトラバによる近代的なコスティトゥツィオーネ橋ができたため、現在の大運河には四つの橋がかかっている。それ以外のほとんどは小さな橋であり、真ん中が盛り上がっている太鼓

7-7　アカデミア橋からサルーテ聖堂を望む

橋である。

水と共存してきたヴェネツィアは、水に対して他の国にはない畏敬の念があり、橋にも象徴的な意味が付与された。名随筆『日本の橋』で保田與重郎が指摘したように、日本の橋は道の延長であると同時に、その終わり、つまり「端」でもあって、人生の道の向こうにはるかに伸びる彼岸につながるものであった。日本の橋は、彼岸と此岸、聖と俗をつなぐ象徴であったため、神社仏閣には必ず橋があり、古くから文学や美術のテーマになってきた。

ヴェネツィアの橋もまた異界への通路であり、運河をすべるように行き来する黒いゴンドラは、死者の霊を彼岸に運ぶカロンの渡し舟のようにも見えるが、ひとつひとつが橋のようなものである。

7-8　スキアヴォーニ河岸からの眺め

一五七六年のペスト流行の鎮静化を感謝して七月の第三日曜日に行われるレデントーレの祭りでは、ジュデッカ運河にレデントーレ聖堂への舟を並べた橋が架けられ、盛大な祝祭が行われる。また、一一月二一日には、一六三〇年のペスト終息を記念して、市民が舟橋によって大運河を渡ってサルーテ聖堂に参詣するサルーテの祭りがある。これら小舟による仮設の浮橋はまさに聖域ないし冥界にいたる回路であった。いずれも、ペストで死んだ人々を悼み、一日だけ彼らの世界に行って無病息災を願うための装置である。

霧の深い夜などにこの町を歩くと、橋を渡るたびに徐々に夢の世界に迷い込むような気分にとらわれる。迷宮のようなこの都市では、今しがた通ったはずの橋を再び渡ることも多い。彼岸に移ろうようでありながら、いつのまにか現実に舞い戻ってくる往還の感覚。かすかな水音とたちこめる死の気配の中で、この町の闇の奥、さらに自分自身の内面深くに入って行くようである。

サン・マルコ広場の前のスキアヴォーニ河岸から海を眺めていると(7-8)、ここが世界に開かれており、あらゆるものが出入りしてきたこの町が、あの世にさえ通じているような気がする。沖合いに見えるサン・ジョルジョ・マッジョーレ聖堂のファサードは、あたかも彼岸の門のようにつねに白く輝いている。そして、観光客でごった返すカーニバルのときでさえ、仮面をつけて仮装した人々はすべて現実離れした冥界の住人のように見えることがある。

ジョルジョーネらヴェネツィア・ルネサンスの画家たちが、水の都にありながら緑あふれる田園の理想郷を好んで描いたのは、単に水上に暮らすこの町の人々が陸地の田園に憧れたためだけではなく、つねに来世の楽園を夢見ていたためであったのかもしれない。ヴェネツィア共和国の統治の中心、ドゥカーレ宮殿の中央を飾る大壁画が、焼失したグアリエントのものも現在のティントレットのものも《天国》であるのは示唆的である。この町はまさに天国につながっているのだ。

私とヴェネツィア　あとがきにかえて

美術史を志したときから長らくヴェネツィアはあこがれの地であった。大学三年生の春休みに友人とはじめて訪れて以来三十余年、何度も訪れては滞在した。ヴェネツィアに関する本は見つけ次第読んできたし、講義でもしばしばヴェネツィア美術をとりあげて講じてきた。一九九六年に刊行した私の最初の単著は、専門であるカラヴァッジョではなく、ティエポロの画集であった。このときはドイツとイタリアのティエポロをくまなく見て回り、日本ではあまり知られていないこの大画家の作品群に魅了された。ヴェネツィアは世界一の美術の宝庫であり、本文にも書いたように、何度行っても発見があり、いつも新鮮な感動を与えてくれる。私の中では格別であり、今でも人にいちばん薦めたい都市である。

本書の雛形になったのは、『芸術新潮』二〇一一年一一月号「大特集　ヴェネツィア　海の都の美をめぐる」の原稿である。この特集号は江戸東京博物館をはじめ京都文化博物館や広島県立美術館など全国に巡回した「世界遺産　ヴェネツィア展」に合わせて企画されたものであり、この年の六月、『芸術新潮』誌のスタッフとともにヴェネツィアに取材に行き、その記事を書いた。その後、それはやや縮減されて同社の「とんぼの本」から塩野七生氏との共著『ヴェネツィア物語』として刊行された。新潮社の優秀な編集者の方々やヴェネツィア在住の持丸史恵さんにはたいへんお世話になった。いずれにも、取材に同行した新潮社の筒口直弘氏によるすばらしい写真が多数収められているので、参照していただければ幸いである。

本書は写真の美しさよりも、日本ではきちんとした通史のなかったヴェネツィア美術について、私なりにまとめて概観している。とくに、軽視されがちなヴェネツィアのバロック美術を見直そうとした。コンパクトな本書を片手にヴェネツィア観光を楽しんでいただければ幸いである。だが、独りよがりになってしまい、書き足りないことや漏れている部分も多いと思う。読者諸賢のご寛恕を乞う次第である。

私にとってとくに思い出深いのは、家族で一年間ローマに滞在していた際に訪れたときである。ローマで退屈な日々を送っていた当時八歳の一人娘が、ヴェネツィアでは、イタリアには珍しかったディズニーストアがあったこともあって、にわかに明るくなった。海がきらめき、観光客でにぎわう町の雰囲気のせいもあったのだろう。

娘はその後すっかりイタリアとは縁遠くなり、もう行きたくないと言っていたが、居間に飾られていた写真を見て、ヴェネツィアだけはまた行きたいと言っていた。しかし、二二歳のときに突然がんにかかり、卒業旅行で友人たちと計画していたヨーロッパ旅行にも行けず、三年前に逝ってしまった。それ以来、私は拙著『美術の誘惑』(光文社新書)などにも書いたように、美術だけでなく、人生にもこの世にも意味を見出せなくなって現在にいたっている。

終章でふれたように、ヴェネツィアという町は、幸福な者にはその幸福を、不幸な者にはその不幸を増幅させる町であるとツルゲーネフは書いている。「すでに自分の生涯を生きてしまった人、人生に打ち砕かれた人、そうした人はヴェネツィアを訪れても無意味である」と。私が幸せな気分でヴェネツィアを味わうことができたのは、前述の取材旅行が最後となった。このとき、地面に叩きつけるとつぶれては元に戻る丸くぶよぶよしたブタのおもちゃが町中の路上で売られており、娘にひとつ土産に買ってきたが、それはほこりをかぶって今も私の机の横に置いてある。あまり喜ばれなかったこのちゃちな土産も、今や貴重な形見になってしまった。そして先のツルゲーネフの言葉が思い出され、ヴェネツィアにはもう行けないと感じたものである。

だが、ヴェネツィアのラグーナに娘の遺骨の一部を撒きたいと思い立ち、昨年のカーニバルの時期、妻とともにヴェネツィアを訪れた。その前年、インドのバラナシに行き、転生を願ってガンジス河に散骨もしていた。ヴェネツィアでは、カーニバルの賑わいとは無縁な沖合いの島に建つサン・ジョルジョ・マッジョーレ聖堂の前の広場の階段から、ひと握りの遺骨を海に撒いた。そこはかつて娘が一人ではしゃいで走り回っていた思い出の場所である。涙にかすんだ視界に、粉々の遺骨はいつまでも濃紺の海に白く漂っていた。

ラグーナに流す我が子の遺骨には鷗集まり飛び立ちゆきぬ

私はもう二度とヴェネツィアに行くことはないだろう。美術史家として、この町の美術は十分に見尽くしたという気持ちもあるが、そのときどきの楽しかった思い出を温存したいと思うからである。やはりヴェネツィアは人生の喜怒哀楽の試金石であり、追憶の中でこそいっそう輝く町であるにちがいない。本書は、私のこの町への愛と惜別の証として書いた。

本書を企画してくださった岩波書店の清水野亜さんと山川良子さん、そして多くの写真を収めながら的確に編集してくださった大山美佐子さんには深く感謝している。

ヴェネツィアの彼岸で待ってくれているはずの娘の麻耶に、本書を捧げたい。

子と遊ぶ楽土夢見し復活祭

二〇一六年春　　宮下規久朗

Guido Zucconi, *Venezia: guida all'architettura*, Verona, 2007.
Peter Humfrey (ed.), *Artistic centers of the Italian Renaissance: Venice and the Veneto*, Cambridge, 2008.
Antonio Manno, Umberto Daniele, *Unforgettable Venice: A Guide to 100 Masterpieces*, Firenze, 2008.
Nino Cenni, *Art and History Venice*, Firenze, 2009.
Massimo Favilla, Ruggero Rugolo, *Baroque Venice: Splendour and illusion in a "decadent" world*, Roma, 2009.

Bernard Berenson, *Italian Pictures of the Renaissance: the Venetian School*, 2 vols., London, 1957.

Cat. mostra, *La pittura del seicento a Venezia*, Venezia, 1959.

Michael Levey, *Painting in Eighteenth Century Venice*, New Haven and London, 1959.

Juergen Schulz, *Venetian Painted Ceilings of the Renaissance*, Berkeley and Los Angeles, 1968.

Johannes Wilde, *Venetian Art from Bellini to Titian*, Oxford, 1975.

John Steer, *Venetian Painting: A Concise History*, London, 1970.

Cat. mostra, *Da Tiziano a El Greco: Per la storia del Manierismo a Venezia*, Milano, 1981.

Norbert Huse, Wolfgang Wolters, *The Art of Renaissance Venice: Architecture, Sculpture, and Painting, 1460–1590*, Chicago and London, 1990.

Peter Humfrey, *The Altarpiece in Renaissance Venice*, New Haven and London, 1993.

Renzo Salvadori, Toto Bergamo Rossi, *Venice: Guide to Sculpture from its Origins to the 20th Century*, Venezia, 1997.

Giandomenico Romanelli, Mark E. Smith, *Splendours of Venice*, London, 1997.

Bernard Aikema, Beverly Louise Brown, *Renaissance Venice: Crosscurrents in the Time of Dürer, Bellini and Titian*, London, 1999.

Augusto Gentili, Giandomenico Romanelli, Philip Rylands, Giovanna Nepi Sciré, *Painting in Venice*, Boston, New York, London, 2002.

Lorenzo Finocchi Ghersi, *I quattro secoli della pittura veneziana*, Venezia, 2003.

Marcello Brusegan, *La grande guida dei monumenti di Venezia: Storia, arte, segreti, leggende, curiosità*, Roma, 2005.

Ruggero Rugolo, *Venice: Where to find Bellini, Carpaccio, Titian, Tintoretto, Veronese*, Firenze, 2003.

Marion Kaminski, *Venice: Art & Architecture*, Königswinter, 2005.

Touring Club Italiano, *Guida d'Italia Venezia*, Milano, 2007.

国」の虚像と実像』昭和堂，2005年
アルヴィーゼ・ゾルジ，金原由紀子・松下真記・米倉立子訳『ヴェネツィア歴史図鑑――都市・共和国・帝国：697〜1797年』東洋書林，2005年
ロドヴィーコ・ドルチェ，森田義之・越川倫明翻訳・註解・研究『アレティーノまたは絵画問答――ヴェネツィア・ルネサンスの絵画論』中央公論美術出版，2006年
宮下規久朗『イタリア・バロック　美術と建築』山川出版社，2006年
ローナ・ゴッフェン，石井元章・木村太郎訳『ヴェネツィアのパトロネージ――ベッリーニ，ティツィアーノの絵画とフランチェスコ修道会』三元社，2009年
ピーター・ハンフリー，高橋朋子訳『ルネサンス・ヴェネツィア絵画』白水社，2010年
池上英洋『イタリア　24の都市の物語』光文社新書，2010年
ジャン・モリス，椋田直子訳『ヴェネツィア帝国への旅』講談社学術文庫，2011年
遠山公一編，金井直・越川倫明他『祭壇画の解体学――サッセッタからティントレットへ』ありな書房，2011年
『芸術新潮　大特集　ヴェネツィア　海の都の美をめぐる』2011年11月号
ジャンドメニコ・ロマネッリ監修『世界遺産　ヴェネツィア』展カタログ，東京都江戸東京博物館，東映，TBSテレビ，2011年
塩野七生・宮下規久朗『ヴェネツィア物語』新潮社(とんぼの本)，2012年
鳥越輝昭『表象のヴェネツィア――詩と美と悪魔』春風社，2012年
池上英洋『ルネサンス　歴史と芸術の物語』光文社新書，2012年
ローナ・ゴッフェン，塚本博・二階堂充訳『ティツィアーノの女性たち』三元社，2014年

主要参考文献

平川祐弘『藝術にあらわれたヴェネチア』内田老鶴圃，1962 年

W. H. マクニール，清水廣一郎訳『ヴェネツィア――東西ヨーロッパのかなめ，1081-1797』 岩波現代選書，1979 年(講談社学術文庫，2013 年)

塩野七生『海の都の物語　ヴェネツィア共和国の一千年』上下，中央公論社，1980-81 年(全 6 巻，新潮文庫，2009 年)

F. ブローデル，岩崎力訳『都市ヴェネツィア　歴史紀行』岩波書店(同時代ライブラリー)，1990 年

陣内秀信『ヴェネツィア――水上の迷宮都市』講談社現代新書，1992 年

A. サルヴァドーリ，陣内秀信・陣内美子『建築ガイド 4　ヴェネツィア』丸善株式会社，1992 年

渡部雄吉・須賀敦子・中嶋和郎『ヴェネツィア案内』新潮社(とんぼの本)，1994 年

佐々木英也・森田義之編『イタリア・ルネサンス 3(世界美術大全集 13)』小学館，1997 年

ルカ・コルフェライ，中山悦子訳『図説ヴェネツィア「水の都」歴史散歩』河出書房新社，1996 年

宮下規久朗『ティエポロ』トレヴィル，1996 年

クリストファー・ヒバート，横山徳爾訳『ヴェネツィア』上下，原書房，1997 年

『太陽　特集　ヴェネツィア　海の都の物語』441 号，1997 年 10 月号

クリスチャン・ベック，仙北谷茅戸訳『ヴェネツィア史』白水社(文庫クセジュ)，2000 年

ステファノ・ズッフィ，宮下規久朗訳『イタリア絵画』日本経済新聞社，2001 年

永井三明『ヴェネツィアの歴史　共和国の残照』刀水書房，2004 年

藤内哲也『近世ヴェネツィアの権力と社会――「平穏なる共和

宮下規久朗

1963年愛知県生まれ．東京大学文学部卒業，同大学院修了
現在 ― 神戸大学大学院人文学研究科教授，美術史家
著書 ―『カラヴァッジョ――聖性とヴィジョン』(名古屋大学出版会，サントリー学芸賞受賞)，『バロック美術の成立』『イタリア・バロック　美術と建築』(以上，山川出版社)，『カラヴァッジョへの旅』(角川選書)，『カラヴァッジョ巡礼』(新潮社)，『刺青とヌードの美術史――江戸から近代へ』(NHK ブックス)，『食べる西洋美術史』『ウォーホルの芸術』『美術の力』(以上，光文社新書)，『モチーフで読む美術史』『しぐさで読む美術史』(以上，ちくま文庫)，『闇の美術史　カラヴァッジョの水脈』『聖と俗　分断と架橋の美術史』(以上，岩波書店)，『聖母の美術全史』(ちくま新書) ほか多数

ヴェネツィア 美の都の一千年　岩波新書(新赤版)1608

2016年6月21日　第1刷発行
2023年7月14日　第4刷発行

著　者　宮下規久朗《みやしたきくろう》

発行者　坂本政謙

発行所　株式会社 岩波書店
〒101-8002 東京都千代田区一ツ橋 2-5-5
案内 03-5210-4000　営業部 03-5210-4111
https://www.iwanami.co.jp/

新書編集部 03-5210-4054
https://www.iwanami.co.jp/sin/

印刷製本・法令印刷　カバー・半七印刷

ISBN 978-4-00-431608-4　　Printed in Japan

岩波新書新赤版一〇〇〇点に際して

ひとつの時代が終わったと言われて久しい。だが、その先にいかなる時代を展望するのか、私たちはその輪郭すら描きえていない。二〇世紀から持ち越した課題の多くは、未だ解決の緒を見つけることのできないままであり、二一世紀が新たに招きよせた問題も少なくない。グローバル資本主義の浸透、憎悪の連鎖、暴力の応酬――世界は混沌として深い不安の只中にある。

現代社会においては変化が常態となり、速さと新しさに絶対的な価値が与えられた。消費社会の深化と情報技術の革命は、種々の境界を無くし、人々の生活やコミュニケーションの様式を根底から変容させてきた。ライフスタイルは多様化し、一面では個人の生き方をそれぞれが選びとる時代が始まっている。同時に、新たな格差が生まれ、様々な次元での亀裂や分断が深まっている。社会や歴史に対する意識が揺らぎ、普遍的な理念に対する根本的な懐疑や、現実を変えることへの無力感がひそかに根を張りつつある。そして生きることに誰もが困難を覚える時代が到来している。

しかし、日常生活のそれぞれの場で、自由と民主主義を獲得し実践することを通じて、私たち自身がそうした閉塞を乗り超え、希望の時代の幕開けを告げてゆくことは不可能ではあるまい。そのために、いま求められていること――それは、個と個の間で開かれた対話を積み重ねながら、人間らしく生きることの条件について一人ひとりが粘り強く思考することではないか。その営みの糧となるものが、教養に外ならないと私たちは考える。歴史とは何か、よく生きるとはいかなることか、世界そして人間はどこへ向かうべきなのか――こうした根源的な問いとの格闘が、文化と知の厚みを作り出し、個人と社会を支える基盤としての教養となった。まさにそのような教養への道案内こそ、岩波新書が創刊以来、追求してきたことである。

岩波新書は、日中戦争下の一九三八年一一月に赤版として創刊された。創刊の辞は、道義の精神に則らない日本の行動を憂慮し、批判的精神と良心的行動の欠如を戒めつつ、現代人の現代的教養を刊行の目的とする、と謳っている。以後、青版、黄版、新赤版と装いを改めながら、合計二五〇〇点余りを世に問うてきた。そして、いままた新赤版が一〇〇〇点を迎えたのを機に、人間の理性と良心への信頼を再確認し、それに裏打ちされた文化を培っていく決意を込めて、新しい装丁のもとに再出発したいと思う。一冊一冊から吹き出す新風が一人でも多くの読者の許に届くこと、そして希望ある時代への想像力を豊かにかき立てることを切に願う。

（二〇〇六年四月）

岩波新書／最新刊から

1972
まちがえる脳
櫻井芳雄著
人がまちがえるのは脳がいいかげんなせい。だからこそ新たなアイデアを創造する。脳の真の姿を最新の研究成果から知ろう。

1973
敵対的買収とアクティビスト
太田洋著
多くの日本企業がアクティビスト(物言う株主)による買収の脅威にさらされるなか、彼らと対峙してきた弁護士が対応策を解説。

1974
持続可能な発展の話
―「みんなのもの」の経済学―
宮永健太郎著
サヨナラ、持続〈不〉可能な発展――。「みんなのもの」という視点から、SDGsの次の時代における人類と日本の未来を読み解く。

1975
皮革とブランド
変化するファッション倫理
西村祐子著
ファッションの必需品となった革製品は、自然破壊、動物愛護、大量廃棄といった倫理的な問題とどう向き合ってきたのか。

1919
シリーズ 歴史総合を学ぶ③
世界史とは何か
―「歴史実践」のために―
小川幸司著
講座『世界歴史』編集委員も務める世界史教員の著者による、世界史を引き受け自分を磨く、シリーズ「最終講義」を贈る。

1976
カラー版 名画を見る眼Ⅰ
―油彩画誕生からマネまで―
高階秀爾著
西洋美術史入門の大定番。レオナルド、フェルメール、ゴヤなど、絵画を楽しむための基礎を示し、読むたびに新しい発見をもたらす。

1977
カラー版 名画を見る眼Ⅱ
―印象派からピカソまで―
高階秀爾著
モネ、ゴッホ、マティス……、近代絵画は短い間に急激に変化を遂げた。名画の魅力を論じながら、その歴史に迫る西洋美術史入門。

1978
読み書きの日本史
八鍬友広著
古代における漢字の受容から、往来物による学び、近世の文字文化、近代学校の成立まで。リテラシーの社会的意味を広くとらえる通史。

(2023.7)